FRANCESCO NAPOLITANO

GUADAGNARE CON GLI INFOPRODOTTI

Avviare un'attività di Vendita Online dalla Creazione del Prodotto alla Distribuzione Digitale

Titolo

"GUADAGNARE CON GLI INFOPRODOTTI"

Autore

Francesco Napolitano

Editore

Bruno Editore

Sito internet

http://www.brunoeditore.it

Sommario

Introduzione

Caro amico, stai per accingerti a leggere questo corso rivolto a un pubblico che, come te, vuole approfondire determinati argomenti, strettamente correlati al mondo informatico, nuova frontiera della società di oggi. Dai primi rudimentali calcolatori inventati negli anni '30 del secolo scorso, se ne è fatta di strada in questo senso. Ma la svolta decisiva è avvenuta nell'anno 1980, quando Bill Gates, allora studente universitario, riceve l'incarico dalla IBM, una nota azienda statunitense operante nel settore informatico, di creare un programma che facesse funzionare il primo personal computer: l'IBM 5150. Lo stesso Bill Gates diventerà, in seguito, l'ideatore di **Windows**, il sistema operativo della stragrande maggioranza dei computer di tutto il mondo.

Attorno ai sistemi operativi, è nata tutta una serie di prodotti digitali, non solo programmi di funzionamento ma anche tante altre creazioni, ognuna di loro adibita a un determinato scopo. In questo corso si parlerà proprio di creazioni digitali, chiamate comunemente *infoprodotti*, e di come guadagnare attraverso di esse: esamineremo cosa sono realmente e in particolare ci soffermeremo sugli ebook, l'infoprodotto più diffuso nel mondo digitale. Inoltre, vedremo nei dettagli come creare un ebook (esaminando, come esempio, alcuni programmi disponibili nel web) e i vari formati di file in cui può essere creato.

Ampi contenuti su Paypal, lo strumento che permette le transazioni di denaro online e anche come intraprendere un'attività di vendita nel migliore dei modi. Infatti, vedremo i vari strumenti di vendita e di promozione pubblicitaria presenti nel web (Google Adwords, Facebook, eBay); inoltre esamineremo gli aspetti legati al diritto d'autore sulla creazione di un infoprodotto e, in particolare, i vari tipi di licenze su cui può essere rilasciato e gli aspetti legali correlati ad ogni tipo di licenza. Non esistono, infatti, solamente licenze di copyright, ma anche licenze copyleft (con permessi d'autore) e open source (licenze libere).

Con la speranza che questo corso possa arricchire il tuo sapere e sia di tuo gradimento, passiamo alla trattazione vera e propria, suddivisa in quattro capitoli, che ruota intorno all'argomento principale: il guadagno con gli infoprodotti.
Buona lettura.

CAPITOLO 1:
Come creare un infoprodotto

Per *infoprodotto* si intende una creazione digitale, fatta cioè sul computer per mezzo di appositi programmi, con l'uso o meno di linguaggi di programmazione, che mira ad un'utilità o ad un vantaggio per l'utente finale che ne fa uso, al fine di migliorare le sue conoscenze intellettuali o per migliorare l'uso dei suoi strumenti informatici (computer o dispositivi mobili).

Possono anche essere un modo per insegnare qualcosa che è di particolare interesse ad un grande numero di persone, le quali vogliono beneficiare delle conoscenze fornite da una persona esperta in materia. Essi spesso propongono la soluzione a un problema reale e aiutano a superarlo.

Un infoprodotto può essere un software, cioè un programma per il computer. Ogni programma è una creazione digitale che ha come fine quello di consentirci il miglior utilizzo del nostro computer o per permetterci di operare un'attività che, senza tale programma, non sarebbe possibile. Può succedere, inoltre, che i programmi diano la possibilità di creare altri programmi (dunque altri infoprodotti del genere), come per esempio un software che consente di creare un programma antivirus.

I software sono i componenti essenziali per il funzionamento dell'hardware, cioè la parte elettronica e i componenti meccanici di un computer. Vi sono molti software presenti nel pc che sono essenziali e non è possibile farne a meno. L'insieme di tutti i programmi del pc forma il sistema operativo.

Per creare un software è necessario conoscere i linguaggi di programmazione, cioè particolari procedure di assemblaggio di dati per far funzionare correttamente tutte le sue parti componenti: come tale, non è una creazione che può essere fatta da tutti.

Un infoprodotto può essere anche una semplice registrazione audio o un video. In tal caso, può racchiudere informazioni importanti per l'utente che ne fa utilizzo, al fine di insegnare a quest'ultimo a fare una determinata cosa. Per esempio: una registrazione audio, fatta da un esperto di lingua inglese, che insegna la corretta pronuncia della lingua inglese. Ed ancora: un video fatto, per esempio, da un esperto di pesca sportiva, che insegna le varie attrezzature e i metodi di pesca.

Data la natura didascalica, gli infoprodotti vengono spesso accompagnati da tecniche di e-learning, cioè metodi che favoriscono l'apprendimento online, come la creazione di piccole comunità su blog, videoconferenze ed email-seminar. Possono anche essere semplicemente a scopo pubblicitario, cioè atti a promuovere un determinato prodotto di consumo, rivolto a un vasto numero di persone.

A volte, un video pubblicato su una piattaforma di condivisione, come Youtube per esempio, rappresenta un mezzo per altri tipi di pubblicità, nel senso che può non essere una creazione fatta semplicemente per diletto o per intrattenimento, ma può contenere forme pubblicitarie atte a promuovere un particolare prodotto o servizio quando viene visualizzata. È il cosiddetto *Youtube Partner Program* che permette di monetizzare con i video, oltre a fornire funzioni avanzate e personalizzazione del proprio canale di condivisione video. Video e audio possono essere creati attraverso particolari software presenti e disponibili nel web. Anche le piccole creazioni utili per il web design, cioè per la grafica e lo sviluppo di un sito web, sono da considerarsi piccoli infoprodotti: slideshow, scrolling, immagini .gif animate, ecc.

Esistono siti che offrono un servizio gratuito che permette la creazione di queste cose; ma bisogna dire che esistono anche software che entrano nel merito della situazione. Senza dubbio, però, l'infoprodotto per eccellenza che rimbalza subito in primo piano, è l'ebook.

Per ebook, letteralmente "libro elettronico", si intende un contenuto testuale, arricchito o meno da immagini e/o contenuti multimediali e racchiuso in un file (contenitore di informazioni) che è accessibile tramite computer o dispositivi mobili per mezzo di appositi programmi di visualizzazione e lettura, che variano in base al tipo di file che compone il documento, cioè il libro digitale. L'ebook, rispetto ad un libro tradizionale, comporta notevoli vantaggi:

1) **ricezione immediata**: non bisogna aspettare una sua eventuale ordinazione, essendo un file digitale che può viaggiare nel web;
2) **abbattimento dei costi di stampa**: essendo una creazione digitale, non necessita di spese di stampa, in quanto viene fornito alla clientela attraverso un link di download con cui è possibile scaricare il prodotto
3) **praticità nello sfogliare i contenuti**: grazie all'apposito

programma di visualizzazione si può accedere alla pagina desiderata in maniera semplicissima

4) **formato adattabile al supporto**: può consentire la modifica della grandezza e del tipo del testo, adattandolo alle esigenze dell'utente e del tipo di supporto che sta utilizzando (tablet, smartphone o pc).

In commercio ci sono dei dispositivi creati apposta per leggere degli ebook: sono gli e-Reader (tra cui il Kindle di Amazon). I formati con cui può essere creato un ebook sono diversi: prima di tutto, dobbiamo fare una prima classificazione di questi formati, suddividendoli in formati proprietari e formati aperti.

SEGRETO n. 1: un infoprodotto come l'ebook deve essere creato in appositi formati atti ad una corretta fruizione del suo contenuto.

Formati proprietari e formati aperti

Innanzitutto, per *formato* si intende una convenzione che consente di leggere e decifrare i dati informatici contenuti in un file. In pratica, attraverso l'interpretazione di questi dati, è possibile, tramite gli appositi programmi di visualizzazione, arrivare a rappresentare sullo schermo di un pc o di altro dispositivo, il contenuto del file.

Esistono, però, alcuni formati che sono detti *proprietari*, cioè sono specifici di una determinata azienda di software, che si è garantita il diritto di copyright sul proprio prodotto. In parole povere, un formato è proprietario quando può essere aperto e visualizzato nella maniera corretta e senza violazioni, esclusivamente dal programma madre che lo ha generato. È il caso di Microsoft Word e del formato .doc: in casi come questi viene spesso imposto l'acquisto di una chiave di licenza per l'utilizzo completo del programma. Tali situazioni, però, a volte, comportano il virare su altri programmi presenti nel web, che hanno funzioni simili, gratuite e senza limitazioni.

I formati vengono detti *aperti* quando includono il permesso d'utilizzo. Pertanto, tali formati di file sono supportati e possono essere creati da altri programmi presenti in Internet e possono essere sia gratuiti che a pagamento. Tra i vari formati, il più usato è sicuramente il formato PDF, ma negli ultimi tempi si sta diffondendo anche il formato EPUB. Meno usati, invece, invece sono il formato .doc, RTF e il formato HTML.

Analizziamo questi formati di file, singolarmente.

Il formato PDF

Il formato PDF (Portable Document Format) è il formato sviluppato da Adobe System, un'azienda statunitense che si occupa di software; è il formato più usato al mondo e compatibile con qualsiasi tipo di computer o dispositivo mobile che, nella sua memoria, abbia installato un programma di visualizzazione tipo Adobe Reader o Adobe Acrobat. Sono comunque presenti nel web altri programmi meno conosciuti che consentono la stessa funzione (Esempi: Foxit Reader, Sumatra Pdf, Pdf-XChange Viewer ecc.).

La caratteristica principale del file PDF è che conserva inalterato l'aspetto del contenuto originale: in pratica, un documento con testo, immagini e disegni, una volta convertito in PDF, conserva intatte le sue caratteristiche di layout.

Un ebook in formato PDF è composto da cartelle digitali indipendenti e tramite gli appositi programmi di lettura, è anche possibile fare una ricerca mirata solo ad alcune pagine presenti nel file. Inoltre, la sua apertura è molto veloce, essendo un formato di file statico, le cui istruzioni sono già preinstallate nel programma di visualizzazione. Infine permette un'ampia compatibilità con qualsiasi visualizzatore, anche se le sue dimensioni sono molto grandi.

Il formato EPUB

Il formato EPUB (che sta per *electronic pubblication*) è un formato di file specifico per gli ebook, ed è basato sul linguaggio **XML**, ovvero un linguaggio marcatore che consente di fornire all'utente dei contenuti dinamici. La sua particolarità rispetto al PDF, infatti, sta proprio nel fatto che consente di modificare il contenuto digitale in base al dispositivo di visualizzazione e alle necessità dell'utente.

Per la visualizzazione di un file EPUB c'è bisogno di un programma di apertura apposito. Non ce ne sono molti nel web. I due più diffusi sono: **Adobe Digital Edition** e **Calibre**. Essendo ottimizzato per il testo, il file EPUB presenta un limite: può creare problemi di visualizzazione nel caso contenga immagini troppo complesse.

Esiste un formato simile all'EPUB: il MOBI. È il formato scelto da Amazon per la sua piattaforma ed è supportato da tutti i readers Kindle e dai dispositivi che ne supportano l'applicazione.

Il formato ".doc" e ".docx"

Il formato ".doc" è il formato dei documenti creati con il programma Word, che è contenuto nel pacchetto software di Microsoft Office. Dalla versione 2007 di Microsoft Word è stata introdotta l'estensione ".docx", che consiste in un file compresso basato sull'XML e che consente l'estrazione del suo contenuto in maniera più efficace e rapida rispetto ad un normale file in formato .doc.

Con **Microsoft Office Word** installato sul computer, è possibile aprire e visualizzare qualsiasi file creato con estensione (.doc), e possedendo almeno la versione 2007 di Office, anche quelli con estensione (.docx).

Il formato RTF

Il formato RTF (Rich Text Format) è un formato poco usato per la creazione di un ebook ma decisamente più sicuro rispetto agli altri, in quanto non può contenere nessuna funzione specifica o un comando da far eseguire al computer (in pratica: non può contenere virus e malware). È un file supportato da Microsoft Word, ma a differenza del formato ".doc" e ".docx" che sono file specifici di questo programma, l'RTF non è un formato proprietario e può essere aperto anche da altri programmi diversi da Word o da altri sistemi diversi da Windows. Il limite di questo formato è che non garantisce lo stesso identico contenuto nella sua conversione da testo libero in RTF. Inoltre è un file più pesante del ".doc" e del ".docx", in quanto al suo interno contiene le informazioni digitali riguardanti tutto il suo contenuto.

Il formato HTML

Il formato HTML è un formato di file, specifico per la creazione di contenuti testuali, che consente di specificare, attraverso l'omonimo linguaggio di formattazione, le modalità di visualizzazione all'utente. Con l'HTML, infatti, è possibile incorporare nel contenuto numerose funzioni come pulsanti per la navigazione, contenuti multimediali, pagine dinamiche e molto altro. È decisamente molto meno sicuro rispetto agli altri formati di file, perché avendo tante funzioni, può contenere anche malware. In compenso, permette di creare dei contenuti "pirotecnici", altamente strutturati.

Abbiamo analizzato brevemente quali sono i vari formati di file in cui è possibile creare un prodotto digitale come l'ebook. Adesso passeremo ad analizzare la fase di creazione vera e propria.

Tralasciando difficili e sofisticate procedure, vedremo come realizzare un ebook in maniera semplice ed efficace, in quanto agli utenti non interessa che la nostra creazione digitale abbia chissà quale funzione, ma che sia ben curata nel suo contenuto e susciti soddisfazione a chi va a scrutarla per acquisire conoscenza.

A poco serve inserire particolari funzioni multimediali o una grafica altamente complessa: un ebook del genere, sul mercato degli infoprodotti, potrebbe costare parecchio, ed il prezzo potrebbe essere un ostacolo al suo successo, giacché la gente spende mediamente dieci-quindici euro per un libro.

SEGRETO n. 2: un utente, nello sfogliare un ebook, apprezza principalmente il suo contenuto. A poco serve inserire chissà quali funzioni se poi i contenuti sono scadenti.

Creare un ebook: la copertina

Esaminando i formati di file che abbiamo elencato e dovendo scegliere quale formato usare, senza dubbio sceglieremo il formato PDF, in quanto è quello più conosciuto e più usato al mondo. Prima di tutto però, dobbiamo pensare di dover creare una copertina per l'ebook, come la si crea per un libro cartaceo. N.B: se affiderai il tuo ebook ad un editore, senza dubbio la copertina sarà creata dall'editore stesso. Tu dovrai occuparti solo del contenuto che lo compone; dunque, in tal caso, potresti anche fare a meno di ciò che si dice nel seguito di questo paragrafo. Ti consiglio comunque di leggerlo, nel caso tu voglia creare un ebook tutto da solo.

La copertina ha una grande importanza nella creazione di un ebook, perché deve esercitare la funzione di suscitare interesse nei potenziali clienti: deve essere ben curata nella sua grafica e stilizzata in ogni suo dettaglio perché deve fungere da presentazione di un prodotto che, tramite essa, deve subito essere percepito come professionale o comunque di ottimo valore. La copertina, abbinata a una descrizione, è ciò che ci permette di "sedurre" il cliente, convincerlo ad acquistare, motivarlo a spendere denaro per qualcosa di veramente utile. Infatti, più bella è la presentazione (che è in pratica ciò che vede l'utente prima di comprare un ebook), più possibilità si hanno di avere successo e guadagnare con la nostra creazione digitale. Abbiamo dunque bisogno di un programma di grafica, cioè un programma contenente funzioni avanzate sulla composizione e l'assemblaggio di immagini, disegni e titoli che devono presentare il nostro ebook.

Ci sono svariati programmi di questo tipo nel web: Adobe Fotoshop, Adobe Illustrator, Paintnet, ecc. A me piace molto un programma che gode anche di un'ottima reputazione nel web ed è soprattutto gratuito, che offre molte funzioni, tra cui quella di creare gif animate e di eseguire gli screenshot di ciò che si sta visualizzando sullo schermo: Photoscape. Adesso vedremo come creare in maniera semplice una copertina per il nostro ebook prendendo spunto da questo programma. Questa è la schermata iniziale:

Andando nella cartella *Editor*, potrai accedere a tutte le immagini presenti nel tuo computer. Ricorda bene: se decidi di scaricare le immagini dal web, assicurati che nessuna di esse violi un eventuale diritto d'autore e di copyright di terze parti! Non puoi utilizzare immagini protette da diritto d'autore, senza permesso.

In basso a sinistra della schermata del programma troverai le immagini presenti nella cartella selezionata. Con il mouse, basta cliccare sulla foto desiderata per farla apparire nella schermata del programma. Semplicissimo!

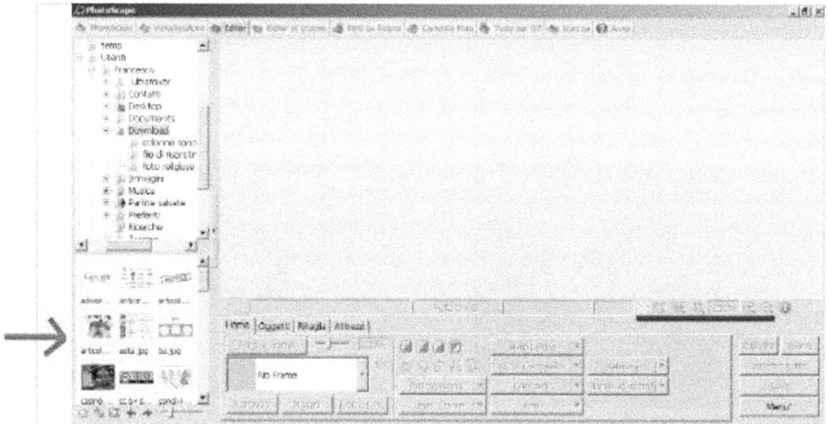

Immaginiamo di creare la copertina per un ebook che parla di come allevare gli animali: dopo aver scelto l'immagine, la portiamo su Photoscape e, usando l'apposita funzione di ritaglio, creiamo un'immagine che abbia la forma di un libro. Clicca il punto in alto a sinistra dell'immagine e, tenendo premuto il tasto sinistro, scorri fino al punto desiderato in basso a destra. Puoi eventualmente ingrandire o rimpicciolire l'immagine utilizzando gli strumenti della barra di destra, quelli sottolineati in blu nell'immagine precedente.

Ricordati di salvare l'area selezionata per poter creare la copertina del tuo ebook. Attribuisci un nome al file da salvare e inseriscilo in una cartella del computer (per esempio in download): avrai bisogno, al momento di editare l'immagine sul programma, di caricarla dal tuo pc per poterla arricchire dei contenuti che desideri. Come hai potuto vedere, in alto a sinistra della schermata *Editor* puoi selezionare una delle cartelle presenti nel tuo computer e accedere a tutte le immagini presenti in ognuna di esse.

Con gli strumenti che offre Photoscape e, in generale, tutti i programmi di editing e di grafica, puoi creare bellissime copertine d'autore per i tuoi ebook. All'inizio ti potrà sembrare un po' difficile, ma con un po' di pratica imparerai in fretta a usarli. La cosa buona, all'inizio, è non usare programmi prettamente professionali. Nella foto seguente, vi è un'immagine per una potenziale copertina, opportunamente ritagliata:

L'immagine editata nel programma è stata tratta da Google Immagini

Sulla stessa barra di funzioni della cartella *Ritaglia*, vi è la cartella *Oggetti* che offre la possibilità di inserire contenuti grafici e titoli alla foto e anche di sovrapporre altre foto modificandone la dimensione con lo strumento di ridimensionamento che appare automaticamente al caricamento dell'immagine. Con il mouse, si sposta l'oggetto nell'area desiderata. In *Home* sono presenti le funzioni che riguardano la luminosità della foto, il contrasto, il colore. È inoltre possibile dare effetti speciali alla foto e applicare filtri, con la possibilità di dare alla nostra copertina degli effetti inaspettati e curiosi. Ecco che, nell'esempio in questione, abbiamo creato la potenziale copertina di un ebook, inserendo alcuni degli elementi costituenti, come si vede dall'immagine seguente:

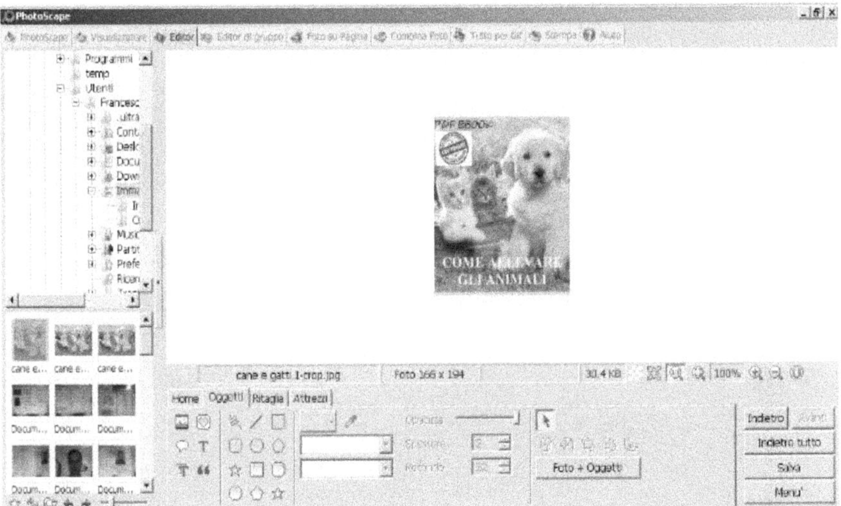

Come ho fatto a creare una foto del genere? Accedendo alla cartella *Oggetti* vi sono le funzioni di inserimento di contenuti. Con l'icona **T** ho inserito il titolo. È possibile stabilire la grandezza del carattere, lo stile e il colore del testo e persino la posizione desiderata sulla nostra copertina (volendo, è possibile agire con il mouse sul perimetro che contorna il testo inserito: abbiamo, dunque, ampie possibilità di editarlo a nostro piacimento). Sempre nelle sezione *Oggetti*, cliccando sulla doppia **T** nell'immagine seguente a sinistra, si possono creare testi arricchiti, come nell'esempio (**pdf ebook** scritto in blu), in alto a sinistra della copertina. È possibile anche inserire fumetti, figure geometriche, icone e simboli.

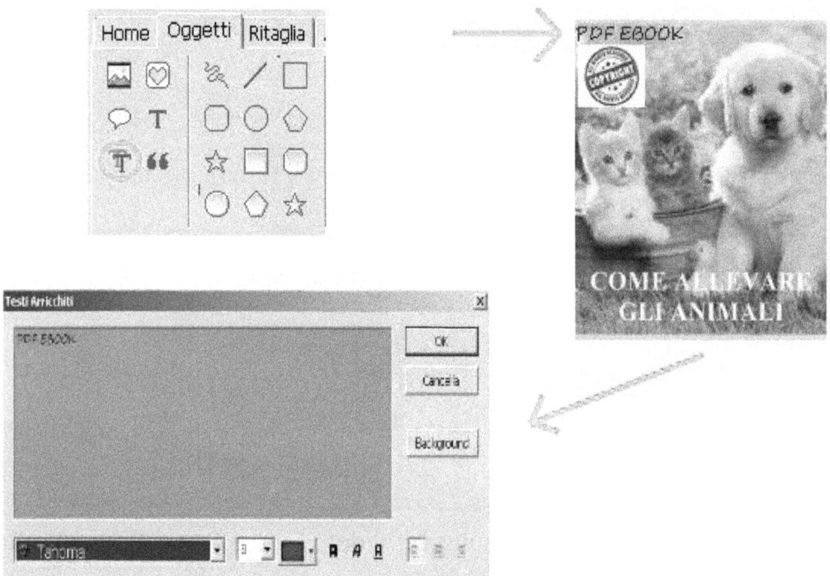

Con l'icona del *Paesaggio*, indicata nell'immagine seguente, è possibile sovrapporre altre foto o oggetti all'immagine base. Nell'esempio in questione, ho inserito un simbolo di copyright, ridimensionandone la grandezza:

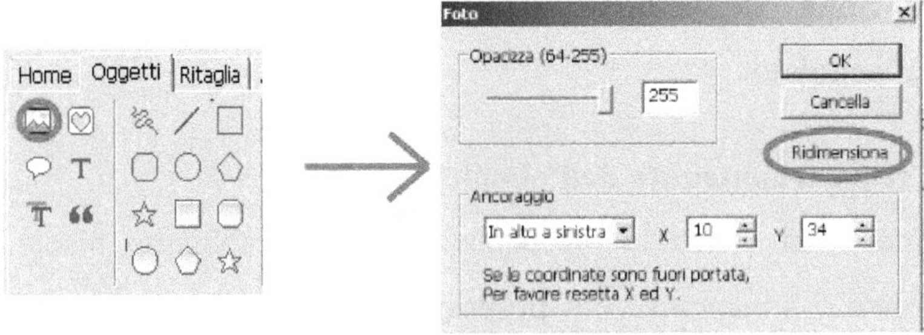

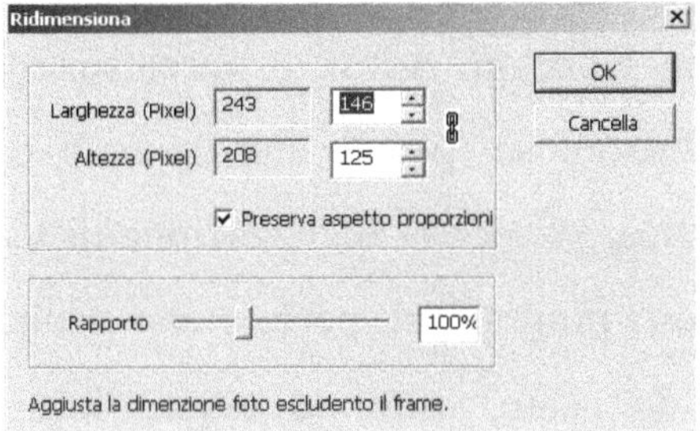

Agendo sul perimetro dell'oggetto, con il mouse lo si porta nella posizione desiderata. Ovviamente, la nostra copertina la si può arricchire ancora di più inserendo, eventualmente, nome dell'autore e una breve descrizione dei capitoli. Non ci resta che salvare l'immagine in una cartella del computer: la utilizzeremo per la presentazione al pubblico del nostro ebook.

SEGRETO n. 3: il successo della vendita di un ebook dipende anche dalla sua copertina: infatti, deve essere ben curata in ogni piccolo dettaglio perché, assieme alla descrizione, ha la

funzione di sedurre il potenziale cliente e invogliarlo all'acquisto.

Creare il contenuto dell'ebook

Una volta creata la presentazione adatta, abbiamo bisogno di creare il contenuto vero proprio e, dunque, dobbiamo scegliere un programma che ci consenta di eseguire il nostro lavoro. Adobe inDesign, Desktop Autor, o altro, sono tutti programmi che offrono soluzioni sia per la creazione di pagine altamente curate nella grafica, sia per la realizzazione di tutto il contenuto. La pecca di questi programmi, però, è che risultano complessi e molto difficili da usare, oltre ad essere forniti su licenza a pagamento, spesso costosa, ed a volte in lingua inglese. Tra i programmi gratuiti disponibili in rete, si possono citare: Pdf Creator, Pdf 24 Editor o Scribus, più completo; ma si può optare anche per l'uso di Microsoft Office Word.

Una soluzione gratuita che a me piace molto è Open Office di Apache, un pacchetto software praticamente simile a Microsoft Office che, in pratica, offre le stesse funzioni in modo totalmente gratuito, rispetto ad un pacchetto software costoso che supporta un formato di file proprietario.

Il programma Word corrisponde, in Open Office, a Writer. Ci sono tante funzioni a disposizione per il layout, il disegno, il testo, oltre a consentire l'esportazione diretta in file PDF e la stampa. Aprendo il programma, appare la schermata principale, dove sono presenti anche gli altri strumenti. Per eseguire il nostro lavoro, abbiamo bisogno di aprire un semplice documento di testo (evidenziato nell'immagine):

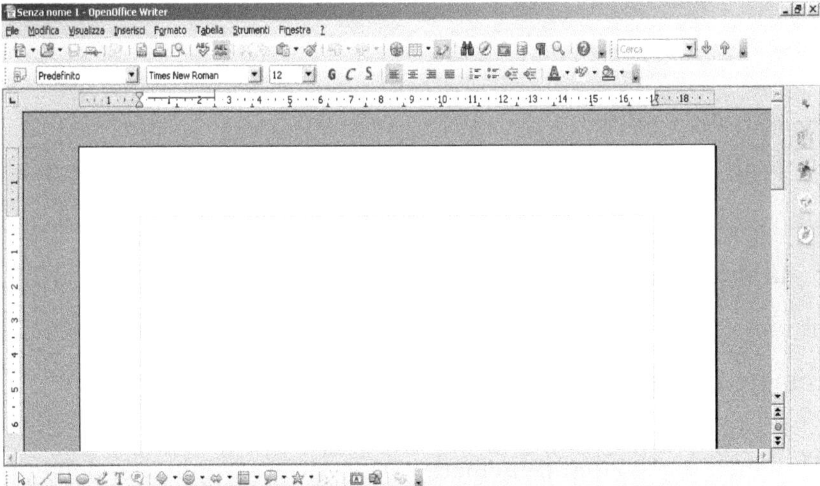

Non ci resta che iniziare. Scegli le opzioni di scrittura e di stile. Inizieremo a strutturare il nostro ebook in capitoli e paragrafi, con un sistema di coerenza di contenuto con il titolo assegnato. Dalla cartella *Inserisci*, carica le immagini dal tuo computer per arricchire il contenuto:

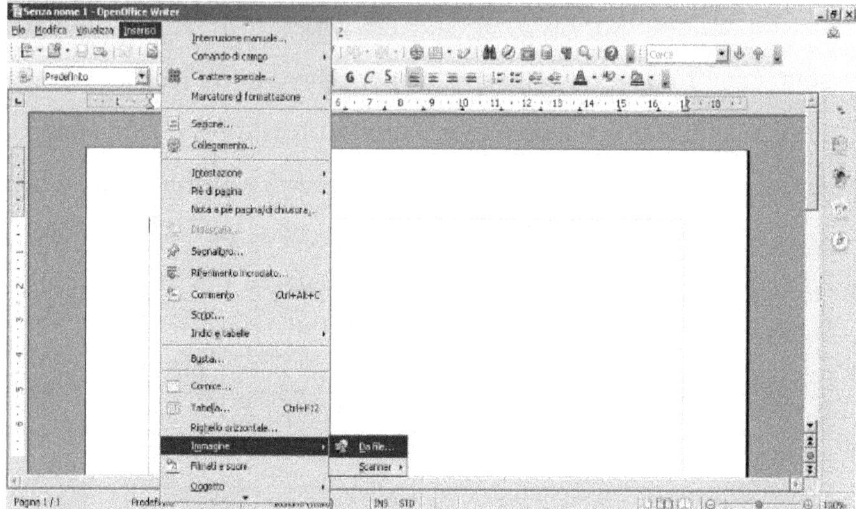

I fogli di contenuto scorrono a cascata e aumentano automaticamente in base al contenuto da scrivere. Sicuramente è un'ottima soluzione per i meno esperti. Da notare che il file prodotto è in .odt, un formato proprio di questo programma e completamente gestibile in forma libera.

Ti elenco le funzioni principali, senza entrare troppo nei dettagli: nella barra superiore degli strumenti vi sono le opzioni di stampa, di esportazione in PDF, controllo ortografico, modifica file, funzioni di disegno, di inserimento di tabelle ed altre funzioni. Nella barra inferiore degli strumenti, vi sono le opzioni di scrittura, come tipo di testo, grandezza del carattere, colore del testo, layout del contenuto ecc.

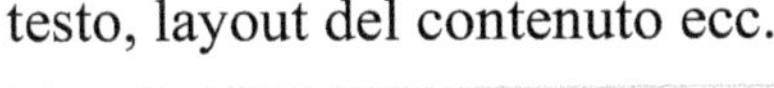

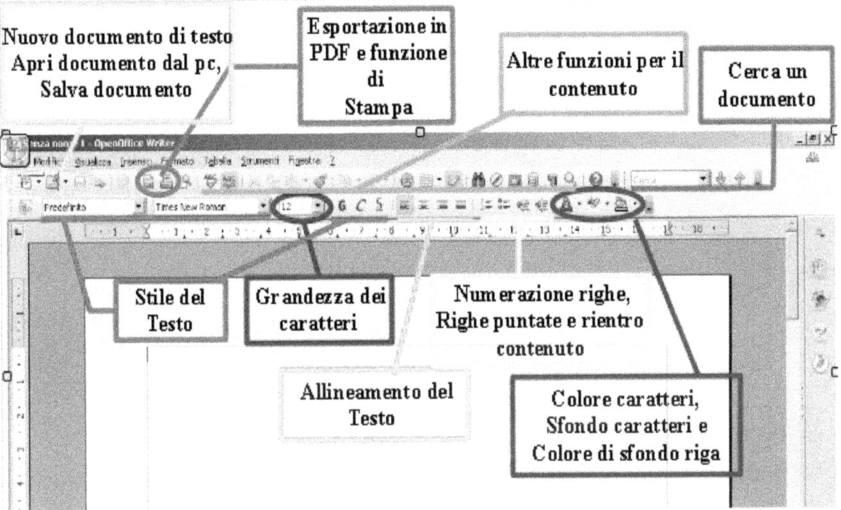

Le cartelle ripetono, in parte, le funzioni precedentemente citate. Interessante è la funzione di disegno, evidenziata nell'immagine seguente: cliccandoci sopra, appare la barra degli strumenti di disegno oltre alla barra degli oggetti in basso (evidenziata con freccia viola).

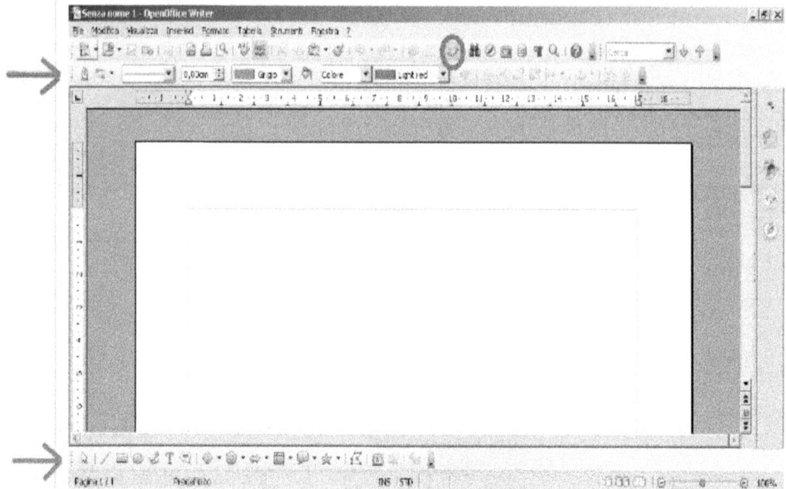

Volendo, come ho già detto, è possibile inserire tabelle (come riportato nell'immagine seguente), per rappresentare degli schemi particolari, stabilendo il numero delle righe e delle colonne. Un ottimo sistema per rappresentare particolari contenuti, come per esempio delle "tabelline matematiche" o comunque dei calcoli numerici.

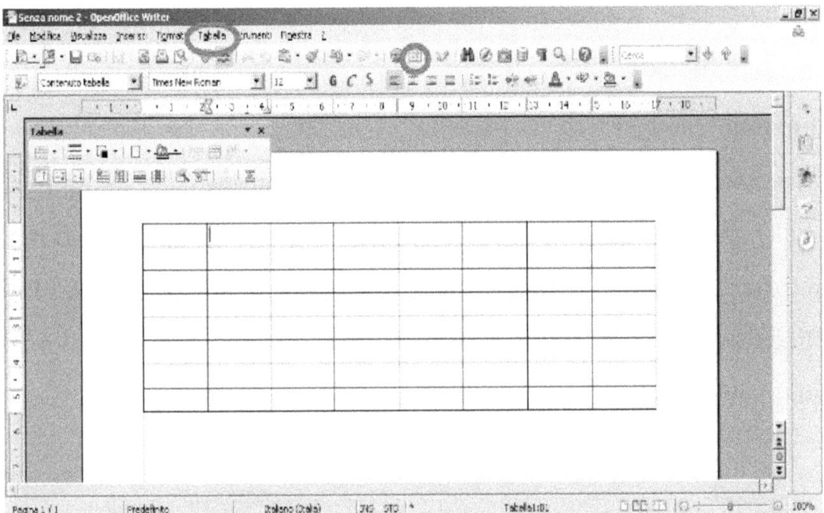

Dopo aver completato la creazione, esportala in Pdf. Puoi anche stamparla: in pratica puoi mettere tu stesso su carta ciò che hai creato sul computer. Ovviamente, con una stampante, il risultato sarà una lunga serie di fogli che dovranno essere inclusi in una cartellina. Una soluzione, questa, per uso personale.

Nel creare il tuo ebook, puoi pensare di usare forme di protezione per l'opera digitale, in modo da impedire una eventuale violazione di copyright nell'ambito di una modifica non autorizzata del contenuto dell'ebook. Con Open Office, nell'esportazione del contenuto in PDF (ma anche con gli altri programmi di creazione di contenuti), è possibile inserire una modalità di protezione da accessi non consentiti al file, attribuendo per esempio una password al PDF. Grazie alla funzione presente nella cartella *File*, cliccando su *Esporta nel formato PDF* e poi su *Sicurezza* (nella finestra che si apre al click), puoi proteggere la tua creazione digitale da un accesso non autorizzato. Scegli il nome della password e clicca su *OK*. Poi clicca su *Esporta*. Il tuo file sarà visualizzato solo da colui al quale comunicherai la password che hai dato al PDF.

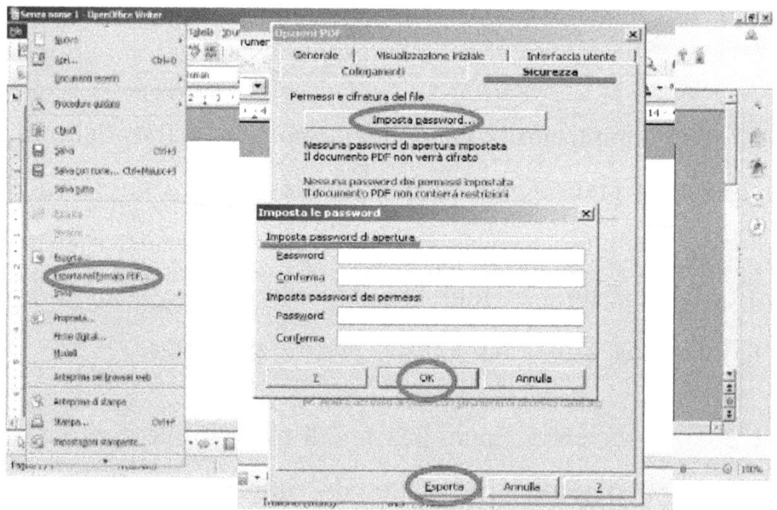

SEGRETO n. 4: un formato di file per ebook, come per esempio il PDF, può essere creato gratuitamente, senza dover ricorrere a programmi professionali e a pagamento.

È possibile, una volta creato il file PDF definitivo, convertirlo in altri formati attraverso i programmi di conversione presenti nel web: dunque un Pdf può diventare un EPUB, un .doc, un mobi ecc. Da notare che eseguendo la conversione da un formato all'altro, il file può leggermente variare di dimensioni: tutto normale, visto e considerato che ogni formato di file ha le sue caratteristiche.

SEGRETO n. 5: se crei un ebook in formato PDF, puoi trasformarlo, attraverso i programmi esistenti nel web, in tanti altri formati. Basta solamente scaricare il programma adatto per la sua conversione.

Una volta creato il nostro file, possiamo passare alla seconda fase: cioè quella della vendita. In questo capitolo abbiamo parlato prevalentemente di ebook, ma l'argomento si può estendere agli infoprodotti in generale, compresi i software e gli altri tipi di file multimediali. Nel prossimo capitolo vedremo come vendere gli infoprodotti: analizzeremo i metodi per tramutare la nostra creazione digitale in una fonte di guadagno.

RIEPILOGO DEL CAPITOLO 1:

- SEGRETO n. 1: Un infoprodotto come l'ebook deve essere creato in appositi formati atti ad una corretta fruizione del suo contenuto.
- SEGRETO n. 2: Un utente, nello sfogliare un ebook, apprezza principalmente il suo contenuto. A poco serve inserire chissà quali funzioni se poi i contenuti sono scadenti.
- SEGRETO n. 3: Il successo della vendita di un ebook dipende anche dalla sua copertina: infatti, deve essere ben curata in ogni piccolo dettaglio perché, assieme alla descrizione, ha la funzione di sedurre il potenziale cliente e invogliarlo all'acquisto.
- SEGRETO n. 4: Un formato di file per ebook, come per esempio il PDF, può essere creato gratuitamente, senza dover ricorrere a programmi professionali e a pagamento.
- SEGRETO n. 5: Se crei un ebook in formato PDF, puoi trasformarlo, attraverso i programmi esistenti nel web, in tanti altri formati. Basta solamente scaricare il programma adatto per la sua conversione.

CAPITOLO 2:
Come vendere gli infoprodotti?

Caro amico, probabilmente, prima di creare il tuo infoprodotto, sarai stato mosso da un'idea e un desiderio di guadagno. Ebbene, adesso ti dirò come vendere la tua creazione digitale: sei hai creato un ebook, puoi optare per due soluzioni: venderlo tu stesso sul tuo sito web, oppure affidarlo a un editore online.

Devi fare delle considerazioni essenziali: vendendo il tuo prodotto sul tuo sito, il ricavo di ogni vendita sarà di una percentuale considerevole, in quanto, se hai un sito che riceve molte visite, non ti serviranno molto le pubblicità a pagamento.

Se invece hai un sito che riceve poche visite, dovrai attingere ai programmi d'inserzione pubblicitaria, come Adwords e le inserzioni di Facebook, e non sempre il gioco vale la candela, soprattutto per un ebook. Puoi optare allora per affidamento il tuo prodotto a un editore online: avrai una percentuale di guadagno ridotta su ogni vendita (dal 10% al 30%), ma in compenso avrai una visibilità garantita, considerando che l'editore online ha un gran numero di affiliati, pronti a promuovere il tuo prodotto investendo denaro di tasca propria, senza che tu debba fare nulla. Inoltre hai la possibilità che il tuo ebook sia visto di buon occhio da un editore internazionale, cosicché possa essere stampato su carta e tradotto in altre lingue, con una prospettiva di guadagno che potrebbe diventare considerevole. Un discorso simile vale anche per i programmatori, i quali, volendo cercare un'ampia visibilità del proprio prodotto, cercano la collaborazione di un'azienda affermata: in poche parole, bisogna valutare tutti gli aspetti, per scegliere una vendita personale o un programma di affiliazione. Se scegli di vendere di persona, hai bisogno, prima di tutto, di un sito web adatto per la vendita. Sono tante le piattaforme presenti nel web che permettono la realizzazione di siti. Per citarne alcune tra le più famose: Altervista, Joomla e Wordpress.

Dopo aver scelto la piattaforma per il nostro sito, dobbiamo passare alla seconda fase. Nell'esempio seguente, immagineremo di creare un sito su Altervista.

SEGRETO n. 6: nell'accingersi all'attività di vendita del proprio prodotto digitale occorre considerare cosa si può ottenere con le proprie forze, valutando la cessione della

propria opera a un'azienda affermata.

Come creare un sito web per la vendita

Innanzitutto, prima di creare il nostro sito, abbiamo bisogno di creare un account fornendo un indirizzo email valido e una password alla piattaforma, in modo da poter accedere al nostro spazio web. Da notare che la piattaforma che offre il servizio, potrebbe chiedere la conferma e l'attivazione dell'account attraverso il cliccare su di un link fornito attraverso email: tale operazione è necessaria per l'accesso agli strumenti del servizio e non comporta nessuna violazione di privacy, in termini di dati personali e di navigazione.

Dopo aver eseguito quanto richiesto, possiamo creare gratuitamente il nostro sito web, considerando però che l'URL risultante sarà un dominio di terzo livello (o sottodominio), che non sarà dotato di un proprio server, ma si appoggerà sul server della piattaforma ospitante. Inoltre l'URL sarà del tipo "nomedominio.sitomadre.estensione": nell'URL del tuo sito, dunque, comparirà sia il nome del tuo dominio, sia il nome del dominio che ti offre il servizio. Puoi scegliere comunque un dominio di livello superiore (anche primo livello): sarà necessario pagare una somma in denaro per il server che ti sarà fornito. Avrai però un URL personalizzato, che sarà tenuto maggiormente in considerazione dai motori di ricerca su Internet. un URL di primo livello sarà: “nomedominio.estensione”.

Nel caso in questione, ho scelto un sottodominio, quindi creerò un sito gratuito. Si può comunque decidere, in un secondo momento, per un dominio di livello superiore: ovviamente cambierà l’URL del sito. Nella pagina principale di Altervista, chiedo la creazione di un sito. Inserisco i dati e scelgo il seguente URL: infoprodotti3000.altervista.org

È necessario verificare la disponibilità dell’URL: infatti, può capitare che l’indirizzo web scelto per il nostro sito sia già esistente su Internet, quindi non applicabile. Accedendo alla gestione del sito, nella cartella Altersito, e selezionando *gestione file*, ci apparirà l’interno del sito, costituito dalla root principale (evidenziata in verde nell’immagine seguente) contenente la home page predefinita, chiamata index.html. A questo punto abbiamo due opzioni da fare: eliminare tutto il contenuto presente (che sono istruzioni del sito madre) e inserire i nostri contenuti (accedendo alla pagina con l’icona di modifica evidenziata in blu), oppure cancellare questa pagina (con l'icona cerchiata in rosso) e creare una nuova index.html in cui editare il nostro sito web. La pagina va creata nel box dove è scritto *Nuovo File* e abbiamo la possibilità di strutturarla a nostro piacimento.

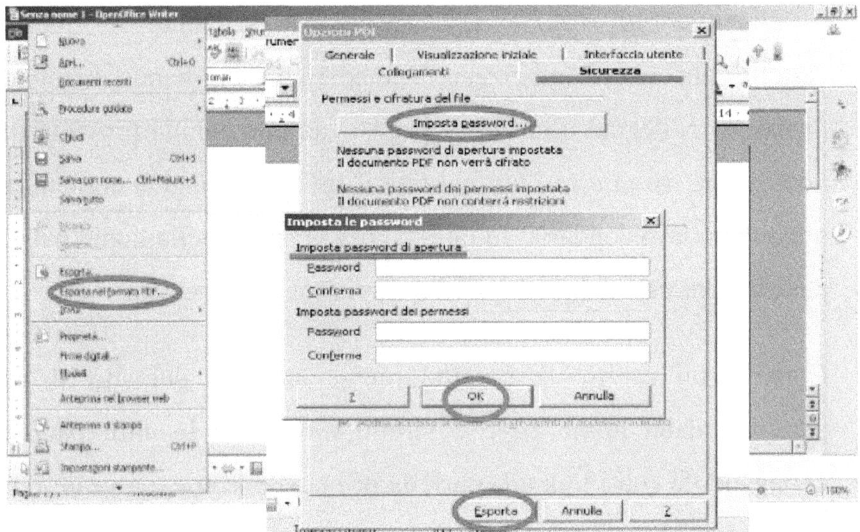

N.B: questa procedura permette di creare pagine di contenuto eventualmente collegate tra loro con link. Per un sito graficamente più evoluto, c'è bisogno di editarlo con il linguaggio in HTML.

Per le pagine collegate alla home si possono creare file con parole a piacere, anche multiple (esempio: creare-infoprodotti.html): è cosa buona separare ogni parola con un trattino, dettaglio gradito dai motori di ricerca. Se utilizzi piattaforme che non prevedono l'HTML per creare il sito, ogni pagina creata nella cartella principale (root), apparirà nella home page. Un discorso diverso si deve fare se decidi di creare altre cartelle (cartelle secondarie): le pagine contenute in queste cartelle, per essere indicizzate immediatamente, hanno bisogno di essere collegate alla home page o ad una pagina presente in home page. In pratica devi mettere il link della pagina contenuta nella cartella secondaria, in una pagina presente nella home page, per ottenere un risultato immediato sui motori di ricerca.

Come avrai capito, la corretta messa a punto del sito si ha partendo dalla home page e strutturando tutte le altre pagine collegandole con i link alla cartella principale, come ogni ramo di un albero che parte dal suo fusto. È cosa buona tenere in considerazione e applicare alcune tecniche SEO necessarie per una buona indicizzazione del nostro sito:

1) Evita di creare pagine che abbiano lo stesso nome, con un'estensione diversa (esempio: infoprodotti.**htm** e infoprodotti.**html**). Tale tecnica comporta la penalizzazione nel posizionamento di una delle due pagine (in questo caso quella peggio indicizzata sarà quella con estensione html).

2) Evita di inserire link che si ripetono in ogni pagina del sito.
3) Crea contenuti originali e non copiati dal web.
4) Non creare troppi box in una pagina.
5) Non creare pagine piene zeppe di link.
6) Cerca di ottenere link di qualità da altri siti presenti nel web, e non dare il tuo URL a siti spam e a directory contenenti migliaia di siti.
7) Per i link esterni, segnala quelli attinenti al contenuto del tuo sito.
8) Non usare testo nascosto o reindirizzamento a pagine secondarie o altre tecniche sgradite ai motori di ricerca.
9) Assicurati che il tuo sito sia sempre libero da virus o da altro malware.

SEGRETO n. 7: per una buona struttura del proprio sito di vendita, anche ai fini del posizionamento nei motori di ricerca, occorre partire dalla home page, collegando eventualmente le pagine delle cartelle secondarie alla cartella principale attraverso i link nelle pagine di quest'ultima.

Uso del protocollo https

Dopo aver creato il tuo sito, devi pensare in prospettiva per la vendita dei tuoi prodotti. Hai bisogno di fornire agli utenti un servizio sicuro che consenta di prevenire le frodi online e permetta transazioni sicure di denaro, sia per i tuoi interessi che per quelli dei tuoi clienti. Un normale sito è strutturato sul protocollo http: tale protocollo non è sicuro ai fini della sicurezza online in quanto, le informazioni sulla navigazione degli utenti, così come l'immissione di dati di fatturazione e numeri di carte di credito, possono essere intercettate dagli hacker a scopo di truffa, tramite appositi programmi spia installati sul computer. Il protocollo https è uno script sicuro in quanto, usando la crittografia, isola la pagina e consente una navigazione sicura, al riparo dagli spyware. Le piattaforme che offrono la possibilità di creazione di un sito, danno la possibilità di attivare il protocollo https tramite una piccola somma di denaro che si aggira sui pochi euro all'anno: per pochi spiccioli vale la pena evitare frodi e richieste di restituzione di denaro da parte degli utenti. Attivando l'https, potremo accedere al sito con l'URL dedicata, che sarà del tipo https://nomedominio.estensione.

In pratica, si può dire che è un servizio che va a implementare il già fornito servizio di sicurezza dello strumento che permette le transazioni di denaro online (Paypal), che nel corso di quest'ebook, andremo ad analizzare.

SEGRETO n. 8: per un buon servizio di vendita agli utenti, avvalersi dell'uso del protocollo HTTPS, che offre una connessione sicura al riparo dagli spyware e da possibili intercettazioni di dati da parte di estranei.

I servizi di hosting di file

Partendo dal presupposto di voler vendere ti sarai posto il problema su come fornire il tuo prodotto ai tuoi clienti. In pratica, hai bisogno di fornire all'utente, dopo che egli ha effettuato il pagamento per acquisire il tuo prodotto, una pagina o un'email che contenga un link dove si possa cliccare per scaricare il file. Hai bisogno, in pratica, di un link di download illimitato che contenga il file da te creato, in modo che il tuo cliente possa scaricare sul suo computer ciò che ha acquistato.

Nel web esistono diversi siti e piattaforme online che offrono servizi di hosting di file: in pratica, caricando un file su uno di questi servizi, potremo ottenere un link di download. Ti elenco alcuni siti con cui è possibile fare questo:

1) **Rapid Share**: permette di caricare file fino a 200 Mb;
2) **File Factory**: permette di caricare file di 1 Gb;

3) **Sendspace**: permette di caricare file di 300 Mb.

Io, personalmente, ho usato il servizio di **4shared** che offre spazio gratuito fino a 15 Gb: un sorta di hard-disk online su cui si può caricare di tutto ed anche scegliere di condividere i propri file con tutti gli altri utenti registrati al servizio. Dopo aver creato un account, possiamo accedere alla nostra pagina personale collegata al servizio:

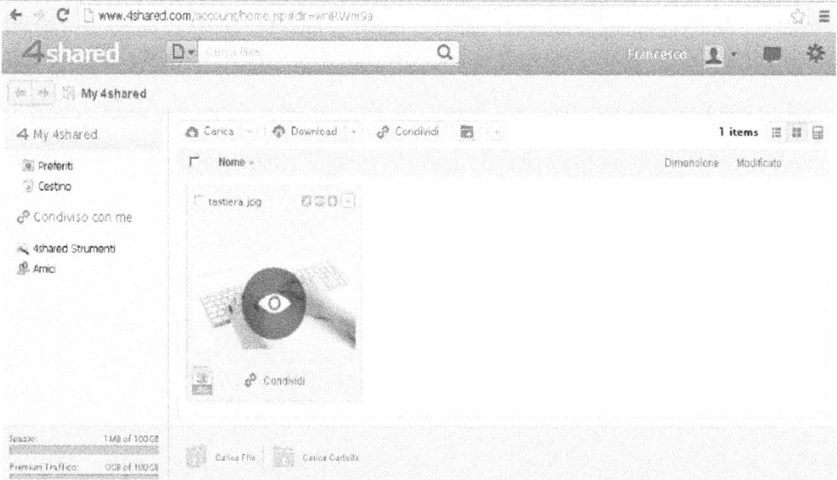

Con la funzione *Carica*, possiamo caricare il file da noi creato (e comunque tutti i tipi di file che vogliamo) sul servizio di 4shared: nell'esempio, ho caricato una semplice foto jpg (tratta da Google Immagini) raffigurante le mani di un operatore su una tastiera di un computer. Tu potrai caricare file contenenti ebook ed ogni sorta di altri file multimediali.

Il servizio offre l'opportunità di scegliere se condividere o meno con gli utenti il nostro file. 4Shared si compone di una vasta community di utenti che condividono a vicenda i propri file; inoltre puoi anche usare questo servizio in modo totalmente libero, anche cioè, solamente per caricare i tuoi file su un supporto online, evitando di appesantire la memoria del tuo computer. Ma per un programma di vendita, per un file che necessita di essere monetizzato, soprattutto se ti sei avvalso del diritto d'autore, occorre selezionare *accesso privato* nella modalità *condividi*: in tal caso i tuoi file potranno essere visualizzati e gestiti solo da te. Con la piccola icona del triangolino rovesciato (che appare in alto a destra del file), possiamo ricavare il link di download.

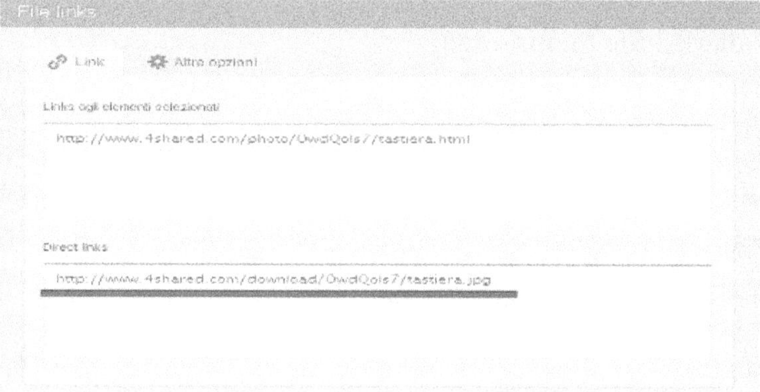

Attenzione: il servizio gratuito offre un link indiretto, cioè accessibile tramite una registrazione a 4shared, dunque non adatto a quello che vogliamo fare. Noi invece abbiamo bisogno di un link di download diretto, cioè totalmente nostro, con il quale un utente, cliccandoci sopra, possa avviare il download del nostro file.

Tale servizio richiede un pagamento di una piccola somma di denaro, che può oscillare tra i 6 ed gli 8 euro circa al mese, a seconda della durata del servizio richiesto. Una volta effettuato il pagamento con carta di credito, potremo ricavare il link diretto per il download: Come potrai capire, il link che ci serve è quello in basso, nella sezione direct links: è questo il link che dovremo fornire ai nostri clienti. Il servizio si rinnova automaticamente alla data di scadenza per altri trenta giorni: nel caso tu non voglia più usufruirne, contatta un operatore tramite email per chiedere la definitiva e totale interruzione del servizio di hosting per avere link diretti.

SEGRETO n. 9: per vendere il nostro infoprodotto online, abbiamo bisogno di un servizio che ci offre un link di download da offrire agli utenti di modo che possano scaricare il file da noi creato.

Dopo aver parlato del servizio che permette il download di un file, adesso, dobbiamo parlare dello strumento che ci permette di guadagnare online, o meglio, che permette transazioni di denaro su Internet. Stiamo parlando di Paypal.

Paypal

Per cominciare, diciamo che Paypal è un'azienda statunitense che opera in tutto il mondo digitale nell'ambito dei servizi di trasferimento di denaro. Per la nostra attività di vendita, abbiamo bisogno necessariamente di tale servizio, garantito 24 ore su 24, tutti i giorni. Non esistono canoni fissi per l'utilizzo del servizio:

Paypal applica una piccola tariffa su ogni transazione di denaro che ricevi. Tale tariffa è di 35 centesimi di euro più una percentuale che oscilla tra l'1,8% e il 3,4% (percentuale aggiornata nel 2013) del totale dell'intera transazione ricevuta. Tale percentuale varia in base al reddito mensile prodotto, diminuendo nel caso di un margine elevato di guadagno: in pratica, se il nostro servizio personale registra poche transazioni, la percentuale applicata sarà del 3,4%; ma se Paypal registrasse guadagni rilevanti (maggiori di 2.500 euro al mese) la percentuale applicata tenderà a diminuire, fino a poter arrivare all'1,8% (dunque può essere applicata anche una percentuale di diverso valore: esistono le tariffazioni al 2,2% e al 2,7%).

Immaginiamo di vendere un infoprodotto sul nostro sito al costo di 10,00 euro lordi. Il cliente che acquisterà il nostro prodotto pagherà i dieci euro, ma la transazione subirà una detrazione di 35 centesimi più la percentuale applicata. All'incirca ricaveremo dai 9,31 ai 9,47 euro. Esiste una tariffa anche per i prelievi: si paga 1 euro se la somma prelevata è inferiore a 100 euro, mentre non c'è tariffa se vengono prelevate somme superiori. Per usare tale servizio, occorre, prima di tutto, registrarsi creando un account adatto per l'esercizio della nostra attività (*account business*). È necessario, poi, collegare al servizio una carta di credito o prepagata, o un conto bancario (che devono essere verificati, affinché tu ne venga riconosciuto il proprietario): le transazioni prodotte dalle vendite, non saranno trasmesse direttamente sulla nostra carta o sul nostro conto, ma saranno depositate su un apposito conto virtuale di Paypal con cui, eseguendo una semplice operazione, saremo noi stessi a trasferire il denaro dal conto virtuale a quello reale.

C'è da dire, però, che all'inizio della creazione dell'account, per motivi di sicurezza, Paypal applica dei limiti sulle transazioni di denaro, tra cui il limite di prelievo dal conto virtuale, che è impostato sui 2.500,00 euro all'anno. Tale limite, su richiesta, può essere tolto, inviando a Paypal, per via web o per via fax, una copia leggibile di un documento di riconoscimento (carta d'identità o patente) e una copia di un documento o di una bolletta di utenza (acqua, luce o gas) ricevuta al massimo 12 mesi prima, che confermi la tua residenza civica rispetto ai dati che fornirai a Paypal per usufruire degli strumenti di vendita. La tua richiesta di rimozione del limite di prelievo, sarà esaminata da un consulente e, in tempi brevi (in genere 10 giorni, massimo), ti sarà fornita una risposta. Se necessario, sarai ricontattato per ulteriori informazioni. Paypal è un ottimo servizio, non solo per pagare denaro online, ma anche per ricevere, ed è implementato da un sistema di protezione antifrode a tutela degli utenti. Creando un semplice *account personale*, già possiamo operare in tutti e due i sensi e accettare pagamenti: dunque, è già possibile utilizzare Paypal e ricevere denaro da un altro utente. Abbiamo, in questo modo, già a disposizione alcuni strumenti di vendita, soggetti a tariffazione, come la vendita per email, con la possibilità di creare apposite fatture personalizzate per le esigenze. Il cliente riceverà nell'email le istruzioni per effettuare il pagamento: se già dispone di un account Paypal, cliccando sul bottone di pagamento, dovrà inserire solamente l'indirizzo email e la password collegati al suo account Paypal; in caso contrario inserirà i dati di fatturazione nell'apposita schermata che gli si aprirà sul computer.

Potrai accettare molti tipi di valute straniere che saranno convertite automaticamente nella tua valuta usata. La configurazione è semplice e non c'è bisogno di conoscenze informatiche specifiche. Per la richiesta di pagamento con email sono accessibili queste funzioni:

1) informazioni dettagliate e report sulle transazioni, anche scaricabili sotto forma di file;

2) estratti conto mensili;
3) è possibile ricercare una specifica transazione di denaro;
4) è possibile inviare un rimborso, totale o parziale, entro 60 giorni dall'avvenuto pagamento;
5) è possibile inserire un importo per la spedizione di un eventuale prodotto di consumo o per particolari servizi di vendita (per esempio: offrire la possibilità di acquistare più prodotti);
6) è possibile creare nuove applicazioni di ecommerce e verificare le applicazioni in un ambiente di test;
7) è possibile accedere alla community di sviluppatori e web designer, per aiuto e assistenza;
8) è possibile consentire ad altri utenti l'accesso al tuo conto Paypal, per così creare una sorta di azienda virtuale.

Per la vendita su un sito web c'è bisogno di creare un account *business*: adesso vediamo, in maniera semplice, come fare. Dobbiamo, innanzitutto, partire dal presupposto di aver già creato un account personale su Paypal e aver collegato una carta di credito o un conto bancario. Accedendo alla schermata riguardante gli strumenti di vendita, clicchiamo su *pagamenti su sito web*, come si può vedere dall'immagine:

Sarà possibile la creazione di pulsanti *paga adesso*, *aggiungi al carrello*, *dona*, *iscriviti*, *acquista un buono regalo*.

Dopo aver cliccato, sarai trasferito in un'altra schermata raffigurata nella pagina seguente, in cui ti sarà richiesto ti contattare un consulente o di compilare un modulo di richiesta di informazioni da parte di Paypal, al fine di essere autorizzato a vendere sul tuo sito web:

Come puoi vedere, non ci sono canoni fissi per l'uso del servizio, ma solo piccole tariffazioni su ogni pagamento ricevuto. In pratica, anche se la tua attività dovesse risultare un fallimento e, dunque, produrre poche rendite, non correrai il rischio di dover spendere grandi somme di denaro. La richiesta di informazioni da parte di Paypal è necessaria, in quanto ti consentirà di offrire alla clientela i tuoi prodotti come venditore verificato, oltre a consentire a Paypal un supporto e una tutela in caso di controversie. Il conto Paypal business viene creato immediatamente. Accedendo al tuo account, nella schermata degli strumenti di vendita, sarà possibile, in maniera semplicissima, creare i pulsanti di pagamento: Paypal genererà un codice html del pulsante prodotto, che potrai incollare dove vuoi sul tuo sito web. Nella sua creazione, potrai decidere, l'importo del pagamento ed eventuali spese di spedizione.

Immaginiamo di voler creare un pulsante di pagamento *paga adesso* per un infoprodotto che vogliamo vendere. Accedendo agli strumenti di vendita e scorrendo verso il basso la pagina web, troveremo tutte le funzionalità che ci permetteranno di vendere, in particolare la funzionalità per creare qualunque tipo di pulsante di pagamento supportato da Paypal (nelle funzioni di pagamento su sito web). Cliccando sul pulsante *paga adesso*, accederemo allo strumento di creazione. In alternativa, possiamo comunque scegliere di creare un tipo di pulsante diverso, semplicemente selezionandolo nell'apposita casella *Scegli il tipo di pulsante.* Abbiamo la possibilità di personalizzare l'aspetto del pulsante inserendo un campo di testo o un menu a discesa contenente anche il prezzo del prodotto che vogliamo vendere.

Grazie al link *I miei pulsanti salvati* contenuto nella schermata, possiamo accedere a tutti i pulsanti di pagamento che, di volta in volta, creeremo per altri prodotti che eventualmente vorremo vendere in futuro. La funzione di salvataggio pulsanti permette di tenere il codice generato dalla loro creazione, in un luogo sicuro, al riparo da modifiche non autorizzate e da sabotaggi da parte di utenti malintenzionati.

È consigliabile salvare sempre un pulsante creato. Nell'immagine raffigurata nella pagina seguente, vi è il primo passaggio nella creazione di un pulsante di pagamento per il tuo infoprodotto da vendere. Da sottolineare che puoi creare quanti pulsanti vuoi, senza costi aggiuntivi: Paypal non applica nessuna tariffazione in questo senso.

Potremo, ovviamente, inserire la descrizione del prodotto e il prezzo; inoltre è possibile inserire un costo di spedizione se dobbiamo spedire un infoprodotto messo su un supporto (come può essere un software su un cd di installazione, o anche un vero e proprio libro cartaceo creato da un ebook). Stabilire infine l'identificazione da venditore.

Nel secondo passaggio è possibile scegliere se salvare il pulsante sulla piattaforma di Paypal (funzione precedentemente citata), in modo anche da facilitare la creazione e modifica dello stesso pulsante. Nota bene che in questa schermata, se si stanno vendendo prodotti da spedizione, è possibile gestire le scorte di magazzino o impedire che un determinato prodotto possa essere acquistato dalla clientela. Come puoi capire, la soluzione *pagamenti su sito web* offre la possibilità di offrire alla clientela qualunque prodotto o servizio pubblicizzato su sito web: in pratica, puoi vendere quello che vuoi!

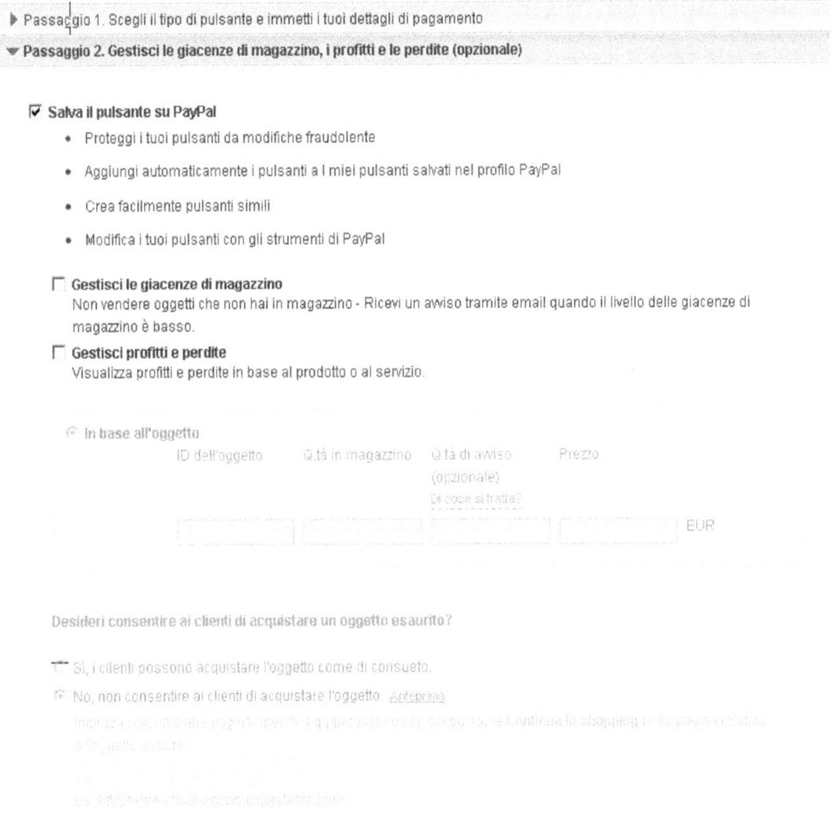

Nel terzo passaggio è possibile stabilire le opzioni di modifica della quantità dell'ordine da parte del cliente (nel caso di prodotti da spedizione); è possibile inoltre consentire al cliente di lasciare un messaggio o di evitargli l'inserimento di un indirizzo di fatturazione (per la vendita di un infoprodotto online, alla domanda *l'indirizzo di fatturazione è obbligatorio?*, è consigliabile selezionare NO, giacché non occorre un indirizzo materiale dove spedire il prodotto).

Come hai potuto vedere nella schermata, Paypal offre la possibilità di indirizzare l'utente che sta procedendo nella schermata di inserimento dei dati di fatturazione, ad una determinata pagina web nel caso confermi il pagamento, o ad un'altra pagina web nel caso scelga di annullarlo (dopo aver inserito i suoi dati, ma prima di procedere al pagamento).

Ovviamente le pagine dove reindirizzerai i clienti dovranno essere coerenti alla conferma o all'annullamento del pagamento. Potresti pensare di inserire nella casella di indirizzamento con pagamento avvenuto, l'URL del link di download del file digitale che hai creato. Anche se è un modo poco ortodosso di cedere il tuo infoprodotto al cliente, è sicuramente efficace, perché ti permette di fare a meno della spedizione posticipata via email, (che molti non amano, soprattutto per un file digitale), oltre che a sofisticati sistemi di ecommerce che spesso richiedono l'assistenza di persone qualificate e pure una spesa in denaro. In pratica, in questo modo, il computer del cliente, dopo che egli avrà effettuato il pagamento, visualizzerà una richiesta di download di file, che il cliente avrà solamente bisogno di avviare. Il file sarà scaricato immediatamente. Per la pagina di pagamento annullato, si possono inserire contenuti del tipo: «Il pagamento è stato annullato!!! Se vuoi procedere con l'acquisto vai alla home page e ripeti la procedura», o cose simili. Puoi anche inserire delle variabili in html al tuo pulsante (funzione per gli esperti).

▶ Passaggio 1. Scegli il tipo di pulsante e immetti i tuoi dettagli di pagamento

▶ Passaggio 2. Gestisci le giacenze di magazzino, i profitti e le perdite (opzionale)

▼ **Passaggio 3. Personalizza le funzioni avanzate (opzionale)**

Personalizza le pagine di pagamento

Se sei un utente esperto, in questa sezione puoi personalizzare le pagine di pagamento per i clienti, semplificare la procedura di pagamento e altro ancora.

Desideri consentire ai clienti di modificare le quantità dell'ordine?

○ Sì

◉ No

Il cliente può aggiungere istruzioni speciali in un messaggio indirizzato a te?

◉ Sì

Nome della casella del messaggio (massimo 40 caratteri)

Aggiungi istruzioni speciali per il venditore:

○ No

L'indirizzo di fatturazione del cliente è obbligatorio?

Sì
No

Se i clienti annullano il pagamento, reindirizzali a questo URL

Esempio: https://www.ilmionegozio.com/annulla

Al termine della procedura di pagamento, reindirizza i clienti a questo URL

Esempio: https://www.ilmionegozio.com/conferma

Variabili avanzate Di cosa si tratta?

Inserisci un'interruzione di riga tra ogni variabile. Le variabili verranno visualizzate nel codice HTML del tuo pulsante. Per saperne di più

Aggiungi variabili avanzate

Esempio
address_override=1;
notify_url=https://www.mywebsite.com/PayPal_IPN

Crea pulsante

Dopo aver stabilito tutte le opzioni possibili, clicca sul bottone *crea pulsante.* Potrai così copiare e incollare il codice html generato da Paypal, sul tuo sito web e iniziare a vendere! Attenzione: le transazioni sono gestite da Paypal. Eventuali consegne non avvenute del tuo prodotto, saranno segnalate dagli utenti e Paypal avvierà una richiesta di restituzione di denaro nei tuoi confronti! Paypal offre anche la funzione *Pagamento express*, che è una semplificazione della procedura di pagamento per gli utenti. Vediamo ora tutte le sue funzioni partendo dal profilo, dopo aver creato un account Business: Questa è la schermata che ho fotografato dal mio account Paypal. Come puoi vedere, nella cartella *il mio conto* trovi le informazioni generali relative all'account. I dati personali li ho oscurati, per motivi di privacy. Partendo da sotto il messaggio di benvenuto, verrà visualizzata la ragione sociale, che è l'informazione che fornirai a Paypal compilando l'apposito modulo per aprire l'account Business.

Sulla stessa riga, a destra di *Tipo di conto: Business*, è visualizzato *Stato: verificato*. Tu, invece, non appena collegherai una carta di credito o un conto bancario all'account, visualizzerai *Stato: non verificato*. Hai dunque bisogno di verificare la tua carta o il tuo conto, cliccando sull'apposito link e seguendo le informazioni che ti saranno fornite. La verifica comporterà una transazione di 1,50 euro sulla tua carta di credito (che ti verrà comunque restituita) e la generazione di un codice a 4 cifre visibile sull'estratto, che dovrà essere inserito nell'account.

Nel box centrale della pagina vi sono gli importi disponibili sul tuo account Paypal. Nel box inferiore vi è la reportistica dei pagamenti ricevuti e di quelli inviati, con tanto di informazioni dettagliate sulle transazioni. È possibile ricercare una specifica transazione applicando uno specifico filtro di ricerca (esempio: indirizzo email, nome e cognome, ID della transazione, data, valuta ecc.) cliccando sul link *tutte le transazioni* e poi su *trova una transazione.*

È possibile, in caso di controversie, emettere un rimborso entro 60 giorni dall'avvenuto pagamento: dopo aver trovato la transazione in questione, emetti un rimborso totale o parziale del pagamento (specificando la somma da restituire).

Dalla cartella *il mio conto* puoi ricaricare il conto Paypal tramite un bonifico bancario (con i dati dell'intestazione che sono contenuti nella cartella *ricarica conto*) oppure prelevare, cioè trasferire denaro dal tuo conto Paypal alla tua carta di credito o al conto che hai precedentemente verificato.

Nella sezione *cronologia* è possibile scaricare la documentazione utile ai fini di un'eventuale dichiarazione dei redditi; mentre nella sezione *profilo* è possibile aggiungere o rimuovere una carta di credito o un conto bancario, ed anche eventualmente un indirizzo email e indirizzo civico. Attraverso il conto Paypal è possibile inviare denaro a un altro utente ed è possibile chiederne a chiunque disponga di un indirizzo email. Anche se non ha un conto Paypal, riceverà le istruzioni su come eseguire il pagamento e su come aprire, a sua volta, un conto Paypal.

Tutto ciò non ti sembra sufficiente e vuoi una soluzione di vendita tecnicamente più avanzata? Contatta allora un sito partner di

Paypal, specializzato in ecommerce. Ce ne sono numerosi: per accedervi, basta andare agli strumenti di vendita, poi alle soluzioni ecommerce. Tanti servizi ti saranno offerti dai vari partner e avrai soluzioni su misura per la tua attività online, che vanno dalla creazione del sito di vendita, all'hosting, alle soluzioni di pagamento e all'assistenza tecnica per l'ecommerce. Ovviamente, tutto ciò, in cambio di un compenso. Ti elenco alcuni di questi siti:

- **opzione.com**: fornisce servizi di realizzazione e gestione di siti web, hosting, indicizzazione ottimizzata e integrazione al sistema di pagamento;
- **commerceReady.com** (open2B.com): consente di creare e gestire negozi online;
- **Readypro.it**: fornisce software gestionale per il sito e l'ecommerce;
- **bnlpositivity.it**: fornisce un'integrazione al servizio di pagamento di Paypal.

SEGRETO n. 10: per vendere online e guadagnare, abbiamo bisogno di un servizio che ci permette di effettuare transazioni di denaro. Tale servizio è offerto da Paypal.

Chiudendo l'argomento per quando riguarda Paypal (come abbiamo detto, uno strumento indispensabile per guadagnare online), dobbiamo adesso parlare degli strumenti che permettono la promozione del nostro prodotto e, in particolare, del nostro sito web di vendita. Ciò che richiede particolare attenzione è il servizio di Google Adwords, cioè il servizio di pubblicità a pagamento offerto dal più grande motore di ricerca (Google), ma esamineremo anche Facebook ed EBay, altrettanto importanti.

RIEPILOGO DEL CAPITOLO 2:

- SEGRETO n. 6: Nell'accingersi all'attività di vendita del proprio prodotto digitale occorre considerare cosa si può ottenere con le proprie forze, valutando la cessione della propria opera a un'azienda affermata.
- SEGRETO n. 7: Per una buona struttura del proprio sito di vendita, anche ai fini del posizionamento nei motori di ricerca, occorre partire dalla home page, collegando eventualmente le pagine delle cartelle secondarie alla cartella principale attraverso i link nelle pagine di quest'ultima.
- SEGRETO n. 8: Per un buon servizio di vendita agli utenti, avvalersi dell'uso del protocollo HTTPS, che offre una connessione sicura al riparo dagli spyware e da possibile intercettazioni di dati da parte di estranei.
- SEGRETO n. 9: Per vendere il nostro infoprodotto online, abbiamo bisogno di un servizio che ci offre un link di download da offrire agli utenti di modo che possano scaricare il file da noi creato.
- SEGRETO n. 10: Per vendere online e guadagnare, abbiamo bisogno di un servizio che ci permette di effettuare transazioni di denaro. Tale servizio è offerto da Paypal.

CAPITOLO 3:
Come promuovere gli infoprodotti?

Premesso che il successo di un'attività online e il guadagno con i nostri prodotti sono, più o meno, proporzionali alle visite che il nostro sito web ottiene, oltre che alla qualità e all'utilità del prodotto offerto, occorre dire che, a volte, basare le proprie possibilità di guadagnare esclusivamente sul proprio sito web così com'è, è troppo poco. Soprattutto se si parla di un sito appena creato e da poco indicizzato, che otterrà per forza poche visite: dunque sarà difficile trovare acquirenti per il prodotto che abbiamo creato, anche se questi è di ottima qualità.

Dobbiamo dire, allora, che il successo di un'attività online passa attraverso i servizi di pubblicità a pagamento, con cui è possibile ottenere visibilità in maniera immediata e raggiungere da subito i potenziali acquirenti. Sicuramente, tra i servizi disponibili online, merita il primo posto il servizio di Google Adwords con cui si possono conquistare le prime pagine del motore di ricerca più popolare al mondo (Google) attraverso le inserzioni personalizzate che si possono creare.

SEGRETO n. 11: il successo di una vendita online passa spesso attraverso i servizi di pubblicità a pagamento, i quali offrono visibilità immediata al proprio sito web.

Google Adwords

Innanzitutto, per accedere ai servizi di Adwords occorre aprire un account Google. Basta accedere alla home page di Google e cliccare su *accedi* e poi *crea account*. Fornisci i dati richiesti: riceverai un'email di conferma all'indirizzo specificato, al fine di confermare l'account. Poi cerca nel motore di ricerca Google Adwords e accedi. Inserisci anche qui le informazioni per creare l'account.

Per poter usare il servizio degli annunci, che è a pagamento, occorre accedere all'area di fatturazione e collegare un metodo di pagamento (carta di credito o conto bancario). Se possiedi un codice promozionale, Google riserva cento euro in pubblicità ai nuovi publisher di Adwords, con soli 25 euro di spesa accumulate in 30 giorni e non oltre la data indicata dal codice promozionale. È possibile ricercare questi codici nel web e ottenerli gratuitamente. Nella stessa pagina è possibile visualizzare la cronologia delle transazioni e il profilo di fatturazione.

La schermata *home page* evidenzia il report dell'attività su Adwords; nella cartella *Campagne*, raffigurata nell'immagine contenuta nella pagina seguente, potrai accedere a tutti gli strumenti che il programma di promozione online di Google ti mette a disposizione. Hai tutto quello che ti serve per pubblicizzare il tuo infoprodotto digitale: con l'utilizzo delle inserzioni pubblicitarie di Adwords, le visite dei clienti al tuo sito web sono garantite!

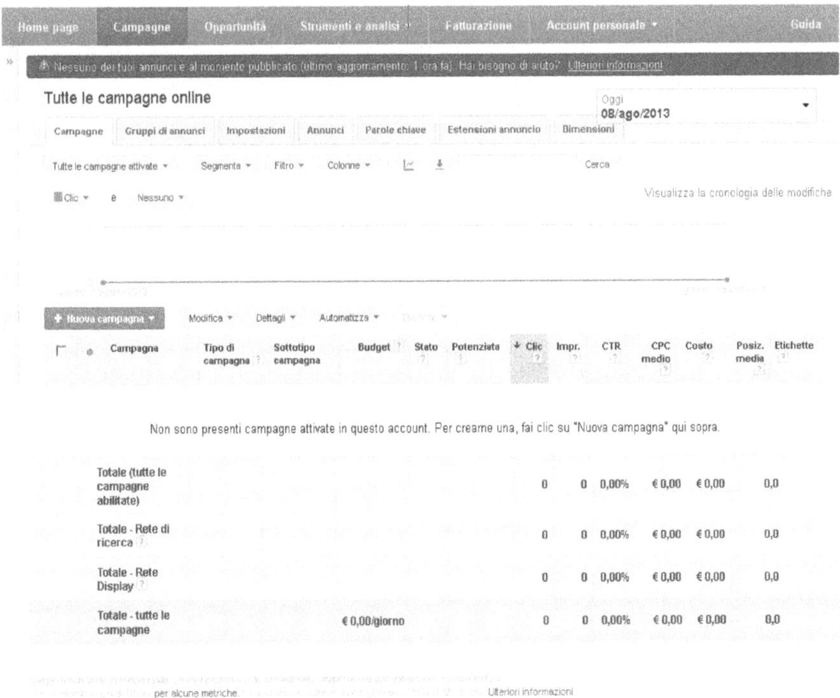

Come puoi osservare, nella parte superiore della schermata, vi sono le funzioni che permettono di seguire l'andamento di un'eventuale annuncio creato, in rapporto ai click ricevuti ed alle visualizzazioni sulle pagine di Google.

Nella sezione *segmenta* è possibile analizzare l'andamento in base ad un intervallo di tempo, al tipo di click, alla rete, al dispositivo di visualizzazione ecc. Nella sezione *filtro* è possibile analizzare l'andamento in base ad una parola chiave impostata. Nella sezione *colonne* è possibile personalizzare la pagina, aggiungendo o rimuovendo grafici e/o colonne di analisi. Cliccando sulle icone presenti a destra della sezione *colonne*, è possibile scegliere se nascondere o mostrare il grafico sottostante con una e con l'altra è possibile scaricare il report. Per creare un annuncio, basta cliccare su *nuova campagna*. Si possono creare campagne pubblicitarie in relazione alle piattaforme di visualizzazione: si può optare per la ricerca Google ed i partner di ricerca, oppure per la rete di Google di siti partner, o entrambe le soluzioni. Ovviamente, volendo raggiungere il massimo numero possibile di utenti, sceglieremo tutte e due le possibilità.

Si possono creare annunci standard (cioè annunci di stile

predefinito), oppure includere altre impostazioni, come quelle per le visualizzazioni sui cellulari e le funzioni di stile personalizzato. Per impostazione predefinita, gli annunci pubblicitari di Adwords vengono visualizzati su qualsiasi dispositivo fisso o mobile che permette la navigazione su Internet. È possibile, inoltre, includere o escludere dalla campagna pubblicitaria una nazione o una zona, e concentrare gli annunci nel paese desiderato, in modo da ottenere conversioni da annuncio a visita in modo mirato.

Hai a disposizione due modi per impostare la visualizzazione degli annunci sotto l'aspetto del pagamento: puoi scegliere di impostare manualmente l'offerta per i click, oppure lasciare ad Adwords che ottimizzi automaticamente gli annunci in base alle tue offerte, in modo da ottenere quante più visite possibili. Se scegli di impostare manualmente il costo dei click, devi indicare un budget giornaliero massimo che sei disposto a spendere (si possono creare annunci pubblicitari anche con 1 euro al giorno!) ed impostare l'offerta per gli annunci. Creando un annuncio pubblicitario, sarà doveroso assegnargli delle parole chiave, cioè delle parole che, digitate in Google e sui siti affiliati, possano visualizzare l'annuncio che abbiamo creato. Avremo così la possibilità di raggiungere visitatori e clienti, fornendo loro esattamente quello che cercano.

Nell'impostazione dell'offerta per gli annunci, c'è da considerare che maggiore sarà la somma dell'offerta impostata, più possibilità si avranno di visualizzare il proprio annuncio sulla prima pagina di Google ed immediatamente nelle ricerche di siti partner, a meno che non si scelga di impostare una specifica offerta per un determinato target, cioè l'obiettivo della ricerca. Può capitare che, dopo aver impostato la propria offerta, il nostro annuncio apparirà nella prima pagina delle ricerche solo per alcune parole chiavi impostate, mentre può apparire anche in terza e quarta pagina nel caso di parole chiavi molto usate dalla concorrenza e particolarmente significative dal punto di vista della ricerca web. Per tali parole chiavi, occorrerà un'offerta maggiore per occupare la prima pagina. Creando la tua campagna e inserendo le parole chiavi, il servizio ti dice già, approssimativamente, in base al budget giornaliero e all'offerta per i click impostata, quanti click otterrà il tuo annuncio. In genere, anche con 1 euro, il nostro annuncio viene visualizzato dagli utenti diverse migliaia di volte al giorno, ma la percentuale di conversione in click sarà, con ogni probabilità, bassissima rispetto al totale delle visualizzazioni. Gli annunci pubblicitari conquistano da subito le prime pagine dei motori di ricerca: in Google, volendo fare un esempio e digitando "guadagnare online", ci apparirà la pagina web nel seguente modo:

Annunci relativi a **guadagnare on line**

Guadagna da solo e subito - Una Seconda Entrata da casa tua
www.forexwdf.com/
E' Facile e Semplice. Prova adesso!
Impara il Trading Forex - Guadagna Online - Gratis Corsi di Trading

Guadagnare Soldi **Online** - €15 Per Sondaggio Completato
www.sondaggiaconfronto.it/
Soldi Extra Per La Tua Opinione!

Guadagnare online - Lavora da casa grazie al forex
www.mercatoforex.net/**guadagnare**
E' facile. Scopri ora come fare!

Come **guadagnare online** | Salvatore Aranzulla
aranzulla.tecnologia.virgilio.it › Internet › Altro su Internet
di Salvatore Aranzulla - in 2.095 cerchie di Google+
07/mag/2012 - Nulla in grado di cambiare la vita, ma se vuoi scoprire come **guadagnare online** senza mettere in piedi una vera e propria attività è il massimo ...

Guadagnare con internet i metodi per **guadagnare online** e sul web ...
www.**guadagnare**colweb.com/
Presenta le recensioni, con commenti di utenti, di numerosi siti che permettono di realizzare **guadagni** con il web.
Hai visitato questa pagina 2 volte. Ultima visita: 31/05/13

Guadagnare Online?
www.google.com/adsense
Monetizza il Tuo Traffico Ora.
Genera Ricavi Con Google AdSense!

Scrivi e **Guadagni** da Casa
cervelliamo.blogspot.com/
Guadagnare Scrivendo **Online**
Scrivi ciò che ti piace e **Guadagna**!
Cervelliamo ha 191 follower su Google+

Vuoi Lavorare **Online** ?
www.cerchiaristretta.it/lavorare
Scopri i 3 requisiti, provati in 6 anni da 1.900 persone.

Guadagnare on line
eurointesta.blogspot.com/
Come **Guadagnare OnLine**.
Entra Ora! Crea il tuo Business.

Guadagnare On Line
www.jackpotjoy.it/
Jackpot fino a 100.000€! Registrati Subito fino a 200€ Bonus Benvenuto

Come puoi vedere, gli annunci pubblicitari appaiono in alto alla pagina e a destra. I restanti link contenuti nella pagina di ricerca, sono risultati organici delle serp, che vengono stabiliti in base a specifici criteri e regole di posizionamento stabilite dallo stesso motore di ricerca. Se scorriamo in seconda, in terza e, via via, le pagine di ricerca, vengono visualizzati altri gruppi di annunci. È probabile che un annuncio che appare in prima pagina, possa essere visualizzato anche nelle pagine successive, avendo una forza di targeting maggiore rispetto ad altri annunci.

È possibile creare più campagne pubblicitarie nello stesso momento e tenerle attive contemporaneamente. In ogni caso, si possono sospendere o eliminare, senza alcun preavviso verso Google Adwords. Nella creazione, però, hanno bisogno d'essere approvate e considerate idonee. Nella cartella *Opportunità* hai a disposizione il simulatore di offerta per la tua campagna, lo strumento d'analisi di un'eventuale concorrenza e alcune idee che ti vengono fornite, in modo da ottimizzare al meglio la pubblicità.

Nella cartella *Strumenti ed analisi* hai a disposizione tutte le funzioni che ti permettono di monitorare la ricerca Google in base a una determinata parola chiave, il flusso di visite che ne scaturisce, le visite complessive del nostro sito web e da dove provengono, anteprima e diagnosi di un annuncio, oltre che allo strumento che ti permette di scegliere le parole chiavi adatte per il proprio annuncio, ed altro ancora.

Nella cartella *Account personale* hai la possibilità di consentire ad altri utenti l'accesso al tuo account. Inoltre, se hai un account di Google Analytics, puoi scegliere di importare i dati di questo account in Adwords, in modo da analizzare anche il tempo che i visitatori trascorrono sul tuo sito e le pagine che vengono maggiormente visualizzate. È possibile, infine, scegliere le opzioni di notifica, cioè decidere se ricevere o meno, tramite email, i vari avvisi di Adwords riguardo l'uso del servizio.

È presente nella schermata, a sinistra, una lunga barra verticale di navigazione che si apre non appena ci si va con la freccia dell'indicatore del mouse: sono presenti altre funzioni, tra cui le possibilità di condividere alcuni elementi con annunci diversi. Si potranno automatizzare, se così si può dire, gli annunci pubblicitari prodotti, in modo da risparmiare tempo nella loro creazione e gestirli in maniera collettiva. Viene fornito, inoltre, uno strumento che analizza i vari annunci pubblicati, in modo da consigliare la loro unione, formando un solo annuncio, al fine di ottimizzare la spesa e il rendimento della pubblicità.

È comunque possibile accedere alla guida e contattare un operatore sia attraverso email, sia telefonicamente che in chat, per chiedere assistenza tecnica o una particolare delucidazione su una funzione che non riusciamo a capire.

SEGRETO n. 12: per conquistare da subito la prima pagina di Google, occorre il servizio di inserzioni a pagamento di Google Adwords.

Abbiamo analizzato così, il servizio di Adwords offerto da Google. Ma anche Facebook, il più popolare social network del mondo, permette di creare annunci pubblicitari a pagamento, visibili a tutti gli utenti che hanno un profilo Facebook e visitano le pagine del sito.

Facebook

È una piattaforma di comunicazione sociale in cui gli utenti registrati hanno una propria pagina personale in cui inseriscono i loro dati e le proprie informazioni personali, condividendoli con altre persone con cui hanno stretto un rapporto d'amicizia "telematica". Visitando il sito, ti potrai accorgere che vi sono annunci pubblicitari di ogni tipo (generalmente presenti a destra di una pagina). Ebbene, per creare questi annunci (che possono essere creati da tutti), Facebook mette a disposizione il servizio pubblicitario previo compenso in denaro stabilito da te, più o meno allo stesso modo di Google Adwords. Analizziamo un poco come si fa a creare un'inserzione su Facebook: nella tua pagina profilo, a sinistra, è presente un link con anchor text *Crea un'inserzione*. Cliccaci sopra e sarai reindirizzato alla procedura guidata grazie alla quale potrai creare la tua prima campagna pubblicitaria. Dopo che avrai creato per la prima volta un annuncio, il link *Crea un'inserzione* lo potrai vedere anche in alto al box di tutte le pubblicità che appaiono su Facebook.

Innanzitutto ti sarà chiesto l'URL cui vorrai indirizzare gli utenti grazie ai click sul tuo annuncio. Puoi scegliere di indirizzare gli utenti all'URL del tuo sito web, dove promuovi un determinato prodotto, oppure puoi semplicemente promuovere una tua pagina personale, interna a Facebook, al fine di coinvolgere altre persone, o anche un evento. Dopo aver segnalato l'URL di destinazione, dovrai iniziare a creare l'annuncio. La pagina che visualizzerai, conterrà diversi box: in quello superiore, raffigurato nell'immagine seguente, dovrai stabilire il contenuto della tua inserzione. In pratica, inserendo i dati richiesti, avrai come risultato ciò che vedranno gli utenti prima di cliccare sul tuo annuncio pubblicitario (l'inserzione vera e propria):

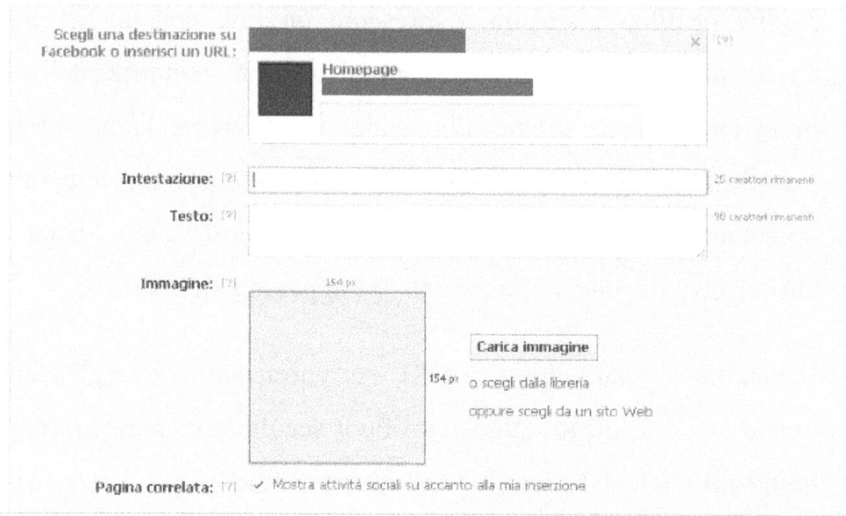

Avendo dovuto inserire un URL di destinazione per visualizzare la pagina di creazione dell'annuncio pubblicitario, ho oscurato l'URL cui sarà indirizzata l'inserzione. Tu, in pratica, dove vi sono le barre nere, vi troverai l'URL che avrai immesso come destinazione. Nella sezione evidenziata in blu, verrà visualizzata l'immagine dell'annuncio (all'inizio, subito dopo aver caricato l'URL, vedrai un'immagine del tuo sito!). Nella sezione in giallo, ne verrà visualizzata la descrizione. Nella colonna *Intestazione* puoi inserire il titolo del tuo annuncio, che deve essere pertinente al prodotto che vuoi promuovere, sia che sia un prodotto di consumo, sia un servizio, sia un infoprodotto. Ciò che scriverai in questa colonna, apparirà al posto di *Homepage*, come puoi vedere dalla schermata. Nella colonna *Testo* puoi inserire la descrizione del tuo prodotto da pubblicizzare. Apparirà sotto al titolo e all'URL del tuo annuncio. Nella colonna *Immagine*, puoi caricare un'immagine dal tuo computer, che rappresenterà la presentazione grafica della tua inserzione agli utenti. Alla voce *Pagina correlata*, acconsenti. In questo modo, il tuo annuncio sarà visualizzato in tutte le pagine facebook che prevedono la possibilità di inserzioni pubblicitarie.

Nel secondo box presente nella pagina, è possibile far visualizzare l'annuncio nella sezione di ricerca *Notizie* di facebook. Per far ciò, bisogna collegare un URL di una tua pagina Facebook, attinente al contenuto dell'annuncio pubblicitario. Può essere una pagina per lo stesso prodotto pubblicizzato o il marchio dell'azienda, che contenga anche il link del tuo sito web. Se non hai una pagina Facebook, puoi crearla appositamente per questo. Una volta collegato l'URL della pagina, aggiungi un testo di promozione del tuo sito web.

L'inserzione apparirà similmente al modello riportato nell'immagine seguente:

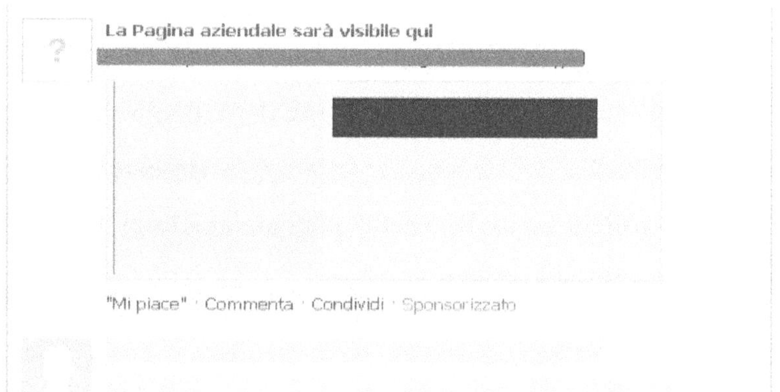

Nella sezione in giallo sarà visualizzata l'immagine che avrai precedentemente caricato dal tuo pc. Nella sezione in rosso apparirà la descrizione che hai immesso. Nella sezione in blu, vi sarà il titolo dell'annuncio e l'URL del tuo sito web. Come puoi vedere, la tua pagina aziendale di facebook apparirà sopra le informazioni dell'annuncio.

Scorrendo ancora la pagina, vi è un altro box in cui dovrai inserire le autorizzazioni alla visualizzazione della tua inserzione pubblicitaria. Con le opzioni presenti, puoi stabilire limitazioni in base all'età degli utenti, al loro sesso, al paese, alle connessioni o addirittura alle loro informazioni personali.

Ti sarà inoltre riportata anche l'offerta monetaria consigliata per la campagna pubblicitaria:

Crea il tuo pubblico
Assistenza: scegli il tuo pubblico.
Luogo: Italia
Paese
Città
Età: 13 - Età massima non definita
Richiedi corrispondenza esatta dell'età
Sesso: Tutte
Uomini
Donne
Interessi precisi: Inserisci un interesse
Categorie ampie: Market
Utenti con telefoni cellulari (tutti)
Utenti mobili (altro sistema operativ
Film
Musica
Android (tutti)
HTC
LG
Motorola
Samsung
Sony
Pubblico
26,000,000 persone
• che vivono in: Italia
Offerta consigliata
€ 0,09–€ 0,20 EUR

Nel box inferiore, dovrai creare le impostazioni per il tuo account da inserzionista. Immetti, poi, i dettagli al budget giornaliero, che corrisponde alla spesa massima giornaliera per la pubblicità. Puoi scegliere se attivare continuativamente la campagna pubblicitaria a partire dalla sua creazione, oppure impostare un data di inizio e fine. In ogni caso, puoi decidere di sospendere una campagna in corso, oppure rinnovare una campagna terminata. Come per Google Adwords, anche Facebook offre la possibilità di ottimizzare gli annunci in base al budget, oppure impostare manualmente l'offerta per i click. Puoi inoltre scegliere l'opzione *Pay for impressio*n, cioè pagare un offerta prestabilita per mille visualizzazioni dell'inserzione pubblicitaria: in questo caso, dovrai segnalare questa modalità nell'apposita casella *Ottimizza per le visualizzazioni.* Anche in questo caso, il budget giornaliero impostato rappresenterà il limite di spesa massimo.

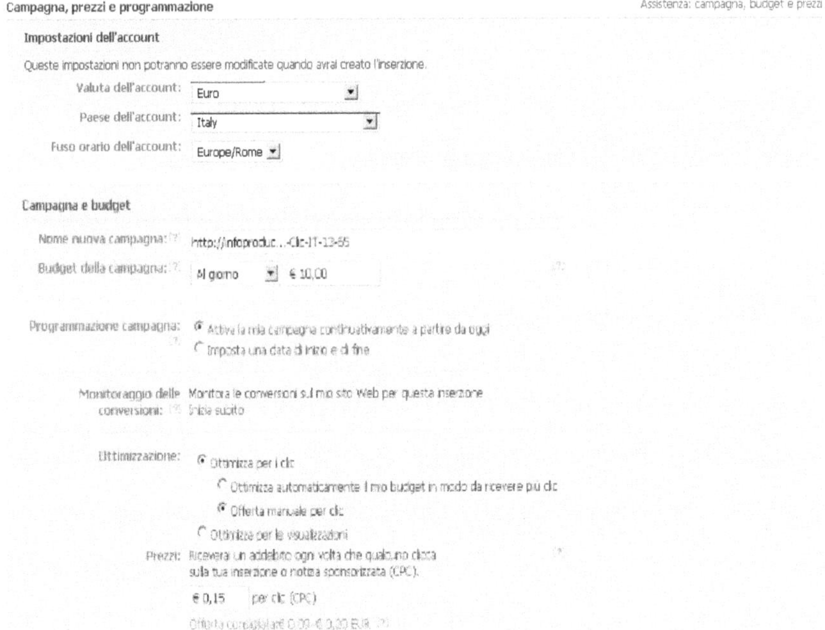

Non ti resta che verificare l'inserzione, inserire i dettagli di fatturazione e ordinare la campagna pubblicitaria, che avrà bisogno d'essere approvata. Ovviamente ti sarà consentito di gestire la tua pubblicità, con tanto di fornitura di report di visualizzazioni e click.

SEGRETO n. 13: attraverso le inserzioni a pagamento di Facebook è possibile dare visibilità immediata al proprio prodotto, considerando che questo social network è il più visitato nel web.

Ma attraverso Facebook è possibile avere visibilità anche in altro modo: creando delle pagine aziendali. Tali pagine possono arrivare, alla lunga, ad avere molti visitatori: pubblicizzando il proprio prodotto in queste pagine e rimandando al proprio sito di vendita, è possibile ottenere degli ottimi risultati.

Come creare una pagina promozionale su Facebook

Innanzitutto bisogna sottolineare che per creare una pagina del genere occorre essere registrati al suddetto social network. Se non hai ancora un account, provvedi a creartelo. La seconda operazione da fare è recarsi all'indirizzo web per la creazione delle pagine di Facebook http://www.facebook.com/pages/create.php:

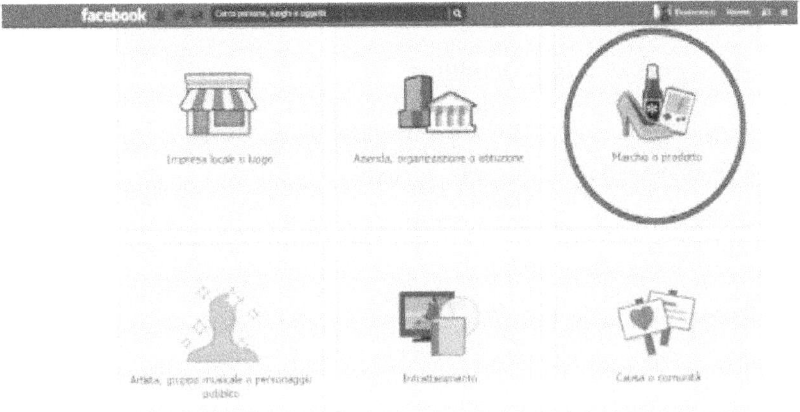

Scegli il tipo di pagina che vuoi creare. Per promuovere un infoprodotto, sceglieremo l'opzione *Marchio o prodotto*. Nella finestra che si apre al click, scegli la categoria, includi il nome del prodotto (per esempio: ebook) e accetta le condizioni d'uso. Poi clicca su *Primi Passi* e inserisci i dati di accesso al tuo account, se non sei collegato: sarai indirizzato alla pagina raffigurata nell'immagine seguente, dove potrai iniziare a inserire le informazioni per la tua Pagina.

La procedura comprende quattro passi con quattro schermate differenti: nella prima schermata puoi inserire la descrizione della tua pagina facebook, puoi aggiungere il link del tuo sito web e decidere l'URL della tua pagina, che rappresenterà il link con cui ti troveranno gli utenti navigando sui motori di ricerca. Nell'immagine vi è la procedura:

Imposta Ebook

RICORDA CHE "EBOOK" E' IL NOME DATO ALLA PAGINA (RELATIVO ALL' ESEMPIO)

1 Informazioni | 2 Immagine del profilo | 3 Aggiungi ai preferiti | 4 Raggiungi più persone

Suggerimento: aggiungi una descrizione e un sito Web per migliorare la posizione della tua Pagina nei risultati di ricerca.
I campi contrassegnati con un asterisco (*) sono obbligatori.

*Aggiungi una descrizione con le informazioni di base su Ebook.

Sito Web (ex: il tuo sito, link a Twitter o Yelp) | Aggiungi un altro sito

Scegli un indirizzo Web univoco di Facebook per consentire alle persone di trovare la tua Pagina più facilmente. Una volta impostato, l'indirizzo non può essere modificato.
http://www.facebook.com/ Immetti un indirizzo per la tua Pagina...

Ebook è un'azienda, prodotto o marchio reale? ○ Sì ○ No
In questo modo le persone potranno trovare più facilmente questa azienda, prodotto o marchio su Facebook.

Visita il Centro assistenza | **Salva le informazioni**

Clicca su *Salva le informazioni* e procedi al passo 2, dove potrai caricare un'immagine come profilo della tua pagina. Puoi anche decidere di saltare la schermata.

Al passo 3 puoi aggiungere la tua pagina ai preferiti, in modo da poterla visualizzare in maniera più rapida e comoda. In alternativa, puoi decidere di saltare anche questa schermata e passare al passo n. 4.

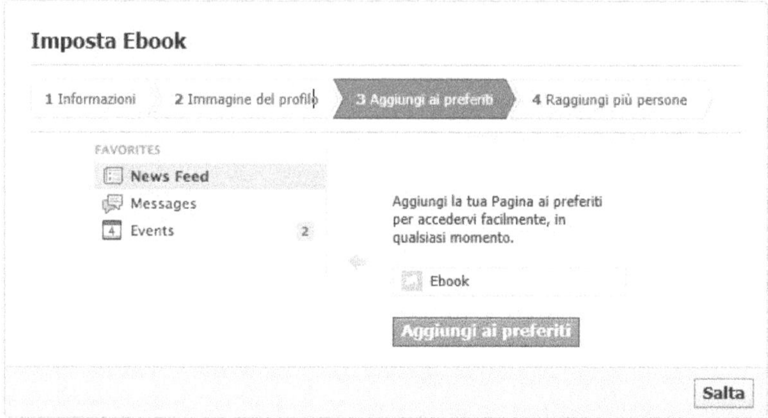

Nel passo n. 4 puoi facoltativamente collegare un metodo di pagamento nel caso tu voglia pubblicizzare la pagina con le inserzioni di Facebook. È possibile, infatti, pubblicizzare con le inserzioni a pagamento allo stesso modo di come si fa per un sito web. Puoi saltare anche quest'altra schermata:

La tua pagina è stata creata. Non ti resta che iniziare a inserire i contenuti e invitare i tuoi amici virtuali a visitarla. Più *mi piace*

otterrai, più la tua pagina acquisterà autorità e sarà visitata. Aggiornala di frequente, per suscitare l'interesse dei visitatori: quelli che cliccheranno *mi piace* potranno vedere i tuoi post nella home del loro profilo, ogni qualvolta li pubblichi sulla pagina!

SEGRETO n. 14: il trucco per ottenere molti visitatori su Facebook è ottenere quanti più *mi piace* possibili, oltre ad aggiornarla spesso, suscitando l'interesse dei visitatori.

EBay

Sapevi che il tuo prodotto può essere promosso e venduto anche su EBay? Questa piattaforma offre l'opportunità di creare un ulteriore movimento commerciale in aggiunta agli altri servizi precedentemente esaminati. È una piattaforma online che offre ai propri utenti la possibilità di vendere (ma soprattutto di acquistare) prodotti di qualsiasi tipo, anche oggetti nuovi o usati, attraverso due modalità di vendita: vendita a prezzo fisso o variabile. Ovviamente, in quest'ultima modalità, si fanno offerte per aggiudicarsi il prodotto (si tratta di un'asta o di una proposta d'acquisto): vince chi offre la somma più alta. Si possono vendere prodotti di qualsiasi tipo, anche ebook e software.

Per usufruire del servizio di vendita, occorre registrarsi alla piattaforma fornendo i propri dati personali e inserendo una carta di credito o prepagata che avrà bisogno di essere verificata. In alternativa, si può inserire un codice che EBay provvederà a inviare presso il domicilio del richiedente del servizio.

Nella richiesta del servizio da venditore, si deve comunicare ad EBay se si vuole vendere in qualità di commerciante o come privato. Nel primo caso, c'è bisogno di possedere e segnalare un numero di partita IVA. Invece nel caso di vendita come privato, ciò non è obbligatorio, almeno finché non si raggiunga la soglia minima richiesta dalla legge per l'obbligatorietà della partita IVA e della dichiarazione dei redditi (reddito complessivo percepito superiore a 4800 euro all'anno). Diverse sono le possibilità di vendita:

1. **compralo subito**: il cliente acquista immediatamente il prodotto esposto.
2. **contatto diretto**: in questo caso viene indicato il prezzo di un determinato prodotto e viene fornito un contatto email o un recapito telefonico per discutere della vendita. Tale opzione viene usata nel caso di vendita di cose molte costose: auto, moto, immobili ecc. Il prezzo potrebbe risultare solamente indicativo e quindi trattabile, in quanto, con questa modalità,

non avviene un scambio di beni o servizi in tempi immediati.

3. **proposta d'acquisto**: in questo caso, si espone il prodotto alla pubblicità ed è il potenziale acquirente a stabilirne un prezzo. Il venditore, in questo caso, ha la facoltà di accettare l'offerta o di rifiutarla, nell'attesa di un'offerta migliore.
4. **asta online**: con questa modalità, il venditore espone il prodotto alla clientela e ne stabilisce un prezzo minimo. L'asta può durare al massimo dieci giorni: si aggiudica il prodotto chi offre la somma più alta. Nell'eventualità non ci siano offerte per un certo tempo, il venditore può inserire un secondo prezzo, più basso, per invogliare l'acquisto.

Per vendere un infoprodotto su EBay, come potrai capire, la modalità di vendita che si adatta è solamente la prima (il cliente acquista subito il prodotto). La regola di EBay prevede, nell'ambito delle vendite e degli acquisti, il feedback: in pratica il cliente può dare un giudizio e può segnalare a EBay un acquisto che è andato a buon fine, una mancata ricezione del prodotto, un acquisto di prodotto contraffatto o diverso da quello esposto sulla piattaforma. Nel caso di esito positivo, si riceve un feedback positivo che va ad accrescere l'autorevolezza del profilo del venditore e, conseguentemente, si stimola la fiducia degli acquirenti. Nel caso di esito negativo, si riceve un feedback negativo che diminuisce l'autorevolezza del profilo di vendita. Inoltre EBay si interpone tra il venditore e il cliente, tutelando i diritti di entrambi, in caso di controversia che non viene risolta da nessuna delle parti e può richiedere al venditore la restituzione della somma percepita, nel caso la controversia non può essere risolta diversamente. Se le situazioni del genere si verificano di frequente, EBay può decidere di sospendere o interrompere definitivamente il servizio offerto al venditore, a sua esclusiva discrezione. Esistono anche i feedback neutri, che non influenzano la valutazione sulla vendita. Alcuni venditori su EBay si associano tra di loro e, simulando gli acquisti, aumentano artificiosamente il proprio indice di feedback: si tratta di truffatori. Tu se ti accingerai a vendere su EBay, devi stare lontano da queste cose: prima o poi verrai scoperto e non potrai più vendere! Un venditore può ricevere una valutazione dettagliata sulla sua attività di vendita, secondo i quattro criteri di valutazione che mette a disposizione la piattaforma di eBay:

1. valutazione in base alla coerenza del prodotto con la descrizione presentata;
2. valutazione della comunicazione e disponibilità del venditore;

3. valutazione per la spedizione del prodotto (non eseguibile se il prodotto viene ricevuto in zona);
4. valutazione dei costi di spedizione e imballaggio (non eseguibile da un utente che ha acquistato un prodotto che non prevede un costo per la spedizione).

È possibile creare dei veri e propri negozi online (nel caso di vendita professionale) e le tariffe sono interamente a carico del venditore, che paga la sua spesa in relazione alle inserzioni pubblicitarie e una percentuale in base alle vendite prodotte. Per aprire un negozio su eBay c'è bisogno di un account personale o Business di Paypal. All'inizio, la piattaforma di vendita consente di creare un negozio base, ma dopo dodici mesi di attività di vendita, è possibile passare a un negozio Premium, purché si abbia un punteggio di almeno 4,4 su tutti i quattro gli aspetti di valutazione previsti da eBay. Inoltre, per il negozio Premium, c'è bisogno di un account Paypal Business e bisogna verificare il proprio account su eBay. Il servizio offre l'opportunità di integrazione degli strumenti offerti da Paypal nell'ambito delle transazioni di denaro online.

SEGRETO n. 15: con eBay è possibile creare dei veri e propri

negozi online, senza dover per forza dichiarare quanto si guadagna, a meno che non si superi la soglia di reddito prevista dalla legge.

Abbiamo esaminato in questo capitolo come vendere un infoprodotto. Nel terzo capitolo vedremo come promuoverli, cioè come dare visibilità ai nostri prodotti digitali attraverso gli strumenti online, soprattutto quelli a pagamento, ma anche quelli gratuiti.

RIEPILOGO DEL CAPITOLO 3:

- SEGRETO n. 11: Il successo di una vendita online passa spesso attraverso i servizi di pubblicità a pagamento, i quali offrono visibilità immediata al proprio sito web.
- SEGRETO n. 12: Per conquistare da subito la prima pagina di Google, occorre il servizio di inserzioni a pagamento di Google Adwords.
- SEGRETO n. 13: Attraverso le inserzioni a pagamento di Facebook è possibile dare visibilità immediata al proprio prodotto, considerando che questo social network è il più visitato nel web.
- SEGRETO n. 14: Il trucco per ottenere molti visitatori su Facebook è ottenere quanti più *mi piace* possibili, oltre ad aggiornarla spesso, suscitando l'interesse dei visitatori.

CAPITOLO 4:
Come gestire il diritto d'autore?

Nel pensiero di creare un'opera digitale, senza dubbio ti chiederai come tutelare i tuoi diritti d'autore. Infatti, il creatore di un'opera, qualunque essa sia (argomento che può essere esteso anche per la musica, i film, le rappresentazioni teatrali ecc.) ha pieni diritti di gestire ciò che ha realizzato, nelle modalità previste dalle legge, secondo la sua volontà e il suo desiderio.

Bisogna parlare, allora, delle licenze per i contenuti, che non sono altro che un insieme di norme giuridiche che l'autore usa, in prospettiva della cessione di un copia dell'opera nelle mani di un soggetto usufruente. È da precisare, comunque, che il diritto d'autore esiste già dall'inizio della creazione di un'opera, indipendentemente dall'apposizione della licenza o dall'uso che se ne farà dell'opera in un secondo momento. Innanzitutto, per cominciare, diciamo che le categorie di licenze per i contenuti si possono raggruppare in due tronconi: copyright e copyleft.

SEGRETO n. 15: il diritto d'autore esiste fin dall'inizio di creazione di un'opera, indipendentemente dalla licenza di contenuto che potrà essere apposta su di essa.

Il Copyright

Attribuisce tutti i diritti riservati all'autore, sia per quanto riguarda la creazione dell'opera, sia all'attribuzione, sia alla sua diffusione e alla sua commercializzazione. Può essere utilizzato per tutte le creazioni che prevedono il diritto d'autore (opere di scrittura, musica, video, software, opere fotografiche, artistiche, cinematografiche ecc.).

Sul diritto d'autore si possono creare collaborazioni che prevedono la gestione del copyright: si tratta di quelli usati, per esempio, dagli editori online per gli ebook, oppure dalle aziende di software per i programmi. L'autore è, in genere, un membro esterno all'azienda che chiede il supporto di quest'ultima per pubblicare il proprio prodotto. Egli invia una richiesta di pubblicazione e spetta all'azienda promotrice se accettare o meno la proposta.

La collaborazione, su contratto, prevede una percentuale di

guadagno su ogni copia per le aziende, che in genere va oltre il 50% del costo della singola opera; la restante parte di guadagno spetta di diritto all'autore ed, eventualmente, a un affiliato che subentra in un successivo contratto con l'azienda. L'autore, in genere, può beneficiare del programma di affiliazione offerto dall'azienda, al fine di vendere il prodotto da lui creato sul suo sito web.

Il copyright, riferito a un'opera collettiva, cioè un'opera composta da più autori, è uguale a quello di un'opera individuale, indipendentemente dal contenuto che la compone e non esiste diversa percentuale di rivendicazione dell'opera tra gli autori (cioè tutti sono riconosciuti allo stesso modo), tranne nel caso di contratto scritto e condizioni esplicitamente specificate. Sono inoltre protette anche le eventuali traduzioni in altra lingua o una modifica dell'opera al fine di occupare un altro settore del mercato della vendita (per esempio: un ebook che viene convertito in un libro cartaceo).

Riferito all'autore, il copyright permette di attribuire all'opera un eventuale nome d'arte dello stesso (nel caso di personaggi famosi), purché questo nome sia riconosciuto nella società e riconducibile all'autore. Nel caso egli decida di non attribuire momentaneamente nessun nome come creatore dell'opera, è comunque abilitato a esercitare il diritto d'autore, fino a quando si verificherà l'atto della cessione dell'opera a un altro soggetto, che potrà diventare beneficiario dell'opera stessa.

Dopo l'autorizzazione del beneficiario ad avvalersi della sua creazione e/o della sua modifica, l'autore perde il suo diritto di rivendicazione nel caso voglia, in secondo momento, riprendersi la sua opera. L'autore non è comunque obbligato a cedere la propria creazione a un soggetto editore: tale eventualità è di sua esclusiva decisione.

Avendo i mezzi e gli strumenti per vendere il proprio prodotto, oltre ad un giro di utenti interessati a beneficiare della sua opera, l'autore è abilitato a vendere, nelle condizioni stabilite dalla legge. Inoltre, non è in alcun modo obbligato ad apporre una licenza di contenuto sulla propria opera: se tutti lo fanno è perché vogliono tutelare la propria opera onde evitare che cada in mano di soggetti terzi che potrebbero farne ciò che vogliono e stravolgerla.

Il diritto d'autore non si estingue con la vendita, ma l'acquirente che entra in possesso di una copia dell'opera, è tenuto a rispettare le leggi sul copyright allo stesso modo di prima dell'acquisto. In caso di violazione di una delle leggi previste, l'autore è abilitato a rivendicare l'opera e, tramite assistenza di persone qualificate (avvocati), può avviare procedimenti disciplinari verso colui che ha violato il copyright.

Sono consentiti, per la messa in commercio, tutte le forme di pubblicità disponibili, solo nel caso la pubblicità condotta sia autorizzata e non arrechi fastidio e/o danno di qualunque tipo agli utenti o agli strumenti usati da quest'ultimo, destinatari della suddetta pubblicità. È inoltre vietato denigrare un'opera concorrenziale al fine di esaltare quella propria ma, genericamente, è ammesso vantare la propria opera senza citare quella della concorrenza. La legge può disporre il sequestro del ricavato con la vendita, nel caso quest'ultima sia stata condotta in modo illegale e non conforme alle norme.

È consentito fotocopiare l'opera, solo per uso personale e con finalità non inerenti la vendita. È severamente vietato e perseguibile a norma di legge la diffusione pubblica dell'opera, in ogni sua forma, come pure un eventuale logo o marchio dell'editore. È altresì vietata la modifica o il plagio dell'opera per creare un'opera derivata, tranne nel caso di specifica autorizzazione di colui che detiene i diritti di copyright. L'editore, da parte sua, è abilitato a usare mezzi e forme di protezione a tutela dell'opera, in ambito di prevenzione. Per avvalersi del diritto d'autore su una propria opera, qualunque essa sia, bisogna avere almeno sedici anni.

Non caso venga stipulato un contratto tra autore ed editore, esso:

1) ha la durata di venti anni;
2) può dare la facoltà all'editore di pubblicare edizioni aggiornate dell'opera;
3) concede all'editore il permesso di vendere l'opera nei modi che ritiene più opportuno.

L'editore è comunque obbligato a comunicare all'autore quando intende procedere a una nuova edizione dell'opera, al fine di ritirare quella obsoleta e introdurre sul mercato la versione più recente per conquistare pubblico e produrre maggiore rendita commerciale.

L'autore, nel caso attesti inadempienze contrattuali dell'editore, può chiedere la risoluzione dello stesso e un risarcimento per danni economici causati dallo stesso editore. Quest'ultimo è altresì tenuto, in ogni caso, a pubblicare l'opera col nome dell'autore e a pagargli i compensi stabiliti come da contratto. L'editore può, tuttavia, decidere di non pubblicare l'opera, a sua esclusiva discrezione, nel caso attesti la non originalità dell'opera stessa o una non coerenza nel contenuto.

Da parte sua, l'autore ha la responsabilità di garantire un contenuto che non violi nessun copyright, pena il risarcimento danni all'editore che ha pubblicato l'opera e/o ad altre aziende che hanno promosso il prodotto. Inoltre è tenuto a rispettare i parametri stabiliti dall'editore riguardo lo stile e la formattazione dei contenuti, anche in prospettiva di un'eventuale conversione in cartaceo della propria opera.

Nel caso l'autore attesti degli abusi da parte dell'editore, può richiedere all'autorità giudiziaria l'impedimento a pubblicare e commercializzare l'opera. È abilitato, comunque, a intervenire in ogni caso, durante tutto il tempo della vendita del prodotto. La pubblicazione dell'opera da parte dell'editore, in ogni caso, deve avvenire entro due anni dal ricevimento dell'opera dall'autore. A contratto stipulato e ancor prima dell'avvenuta pubblicazione dell'opera, l'autore non può in alcun modo cedere la stessa ad un altro editore, senza la specifica autorizzazione di quest'ultimo, che è diventato proprietario dell'opera. In ogni caso, deve dar conto sempre all'editore, anche in materia commerciale, su un'eventuale cessione a terzi dei diritti sul prodotto.

Il costo finale dell'opera viene stabilito dall'editore. In caso di mancata pubblicazione, l'autore può richiedere la risoluzione del contratto e la cessazione dei diritti acquisiti sull'opera da parte dell'editore.

L'editore che ha pubblicato una versione dell'opera, che può essere sia intera che suddivisa in parti (a sua esclusiva discrezione), può commercializzare l'opera e diffonderla in un numero di copie illimitate, senza dover dare in alcun modo conto all'autore e/o a soggetti che hanno acquisito diritti sull'opera, in secondo momento, su volontà dell'editore. L'affiliato è abilitato a usare tutti gli strumenti di promozione del prodotto (purché siano legali), ed è a tutti gli effetti un beneficiario dei diritti di copyright sull'opera, su consenso dell'editore; inoltre può vendere lo stesso prodotto e ricavarne un guadagno.

SEGRETO n. 16: sulla gestione dei diritti d'autore di un'opera, possono essere stipulati contratti di collaborazione tra autore e l'azienda che provvederà alla sua pubblicazione.

Nel caso di accordi con un'azienda, il copyright viene gestito da quest'ultima.

Come apporre un copyright su un infoprodotto?

Dopo aver creato un infoprodotto, di norma, ci si appone una licenza di contenuto. Per il copyright vero e proprio c'è bisogno di sostenere una spesa: su Internet il più famoso sito che offre la possibilità di apporre una licenza di copyright è www.copyright.it che prevede un costo di 35 euro per un'opera e 130 euro per cinque opere create. In alternativa, puoi richiedere il deposito che si adatta alle tue esigenze.

Vai sul sito, scegli l'offerta proposta e compila il modulo con i dati richiesti per l'attivazione del servizio:

1 - Selezionare un pacchetto

Quantità	Designazione	Classificazione	Prezzo
1	Deposito di copyright [un file solo da massimo 10 mb]	® Deposito di Copyright.	35,00 €
3	Redazione del concetto dai nostri esperti	® Deposito di Copyright.	180,00 €
5	5 Depositi di Copyright	® Deposito di Copyright.	130,00 €
10	10 Depositi di Copyright	® Deposito di Copyright.	250,00 €
10	deposito di software di 50 MB	® Deposito di Copyright.	200,00 €
15	Depositi di Copyright audio 15 MP3	® Deposito di Copyright.	180,00 €
20	Deposito di Copyright	® Deposito di Copyright.	350,00 €
20	deposito di software di 100 MB	® Deposito di Copyright.	350,00 €
30	Depositi di Copyright audio 30 MP3	® Deposito di Copyright.	300,00 €
30	30 Depositi di Copyright	® Deposito di Copyright.	390,00 €
50	deposito di software da 500 MB	® Deposito di Copyright.	690,00 €
50	Depositi di Copyright	® Deposito di Copyright.	590,00 €
100	Depositi di 100 Copyright	® Deposito di Copyright.	950,00 €
10000	Deposito di Copyright illimitato	® Deposito di Copyright.	1 880,00 €
12	Deposito di Siti Web - 50 pagine x 12 mesi - Lite	Deposito - Protezione sito web.	300,00 €
12	Deposito di Siti Web - 200 pagine x 12 mesi	Deposito - Protezione sito web.	1 000,00 €
12	Deposito di Siti Web illimitato	Deposito - Protezione sito web.	1 750,00 €
12	Deposito di Siti Web - 10 pagine x 12 mesi - Lite	Deposito - Protezione sito web.	149,00 €
12	Deposito di Siti Web - 20 pagine x 12 mesi - Pro	Deposito - Protezione sito web.	189,00 €
12	Deposito di Siti Web - 30 pagine x 12 mesi -	Deposito - Protezione sito web.	230,00 €

scegli nome utente e password per registrarti al servizio e inserisci le tue informazioni personali. Seleziona poi il metodo di pagamento e crea l'account.

Registrandoti al servizio, depositerai la tua opera digitale presso un notaio e riceverai assistenza legale in caso di furto, commercializzazione non autorizzata dell'opera e plagio. Inoltre avrai la possibilità di apporre una marchiatura indelebile all'opera, che sarà visibile su ogni tua copia prodotta. È possibile depositare anche interi siti web, loghi personali, marchi e progetti. Nel caso decida di affidare il tuo prodotto digitale a un editore, tutto ciò diventa di competenza dell'editore stesso che dovrà provvedere alla sua messa in pratica. Non devi, infatti, occuparti tu del deposito di copyright! Il copyright ha una durata limitata nel tempo, a seconda del prodotto tutelato (in ogni caso almeno 30 anni). In caso di morte dell'autore, la legge prevede la cessione dei diritti agli eredi e, in caso di testamento, alla persona indicata nel documento notarile. Sia in questo caso che nel caso di fallimento da parte dell'editore, non cadono in alcun modo i diritti d'autore di cui l'opera è destinataria.

C'è da precisare che il deposito per il copyright non è altro che un modo di istituire un documento legale e incontestabile in caso di controversia e consente all'autore di tutelarsi sul diritto di proprietà attraverso un punto fondamentale: la data di apposizione di copyright. Nel caso di furto o plagio d'autore, infatti, l'anteriorità di un'opera rispetto a un'altra è l'attestazione della sua originalità nei confronti della legge e, come tale, consente ad essa di disporre di provvedimenti verso il violatore del copyright.

Il documento rilasciato al momento del deposito è infalsificabile, perché protetto di criptaggio dati, marcatura e firma elettronica. È riconosciuto anche in ambito internazionale. La seguente immagine mostra un simbolo di copyright (lettera "c" cerchiata):

"Immagine tratta da Google Immagini"

SEGRETO n. 17: il deposito di copyright non è altro che un modo di istituire un documento legale con cui l'autore (e/o l'editore) può tutelare i suoi diritti sull'opera in prospettiva della cessione di una copia a soggetto terzo.

Esistono altri tipi di licenze che sono gratuite e che non prevedono nessun deposito dell'opera. Sono le licenze Creative Commons. Queste licenze prevedono la gestione predefinita dei diritti d'autore, in base al tipo di licenza che viene apposta all'opera. Si potrebbe dire che le licenze Creative Commons, includendo norme di copyright, sono pendenti al copyleft, in quanto possono concedere particolari permessi ad altri che beneficiano di una copia della stessa opera. Analizzeremo un poco questi tipi di licenze per contenuto nel prossimo paragrafo.

Le licenze Creative Commons

La gestione dei diritti d'autore con le licenze Creative Commons si fonda su quattro punti essenziali su cui si basano le normative vigenti:

1) attribuzione
2) possibilità o meno per il beneficiario di modificare l'opera originale
3) possibilità di diffusione per uso commerciale o non commerciale da parte del beneficiario
4) possibilità o meno per il beneficiario di usare un'altra licenza per un'opera derivata da quella originale.

Da questi quattro punti, si distinguono sei tipi di licenze Creative Commons:

1) **Attribuzione**: consente agli altri di riprodurre, modificare e diffondere l'opera, per fini commerciali e non, a patto che gli utenti cui venderai la tua creazione digitale riconoscano esplicitamente che è tua, senza attribuirsi nulla; oppure che

un'eventuale opera derivata dalla tua venga segnalata come tale. L'utente che vorrà utilizzare la tua opera, potrà farlo liberamente, ma non potrà attribuirsi in alcun modo la paternità di essa. Questo punto è presente in tutti e sei tipi di licenze Creative Commons.

2) **Attribuzione – non opere derivate**: consente agli altri di diffondere l'opera per fini commerciali o meno, ma non consente la sua modifica. L'attribuzione è obbligatoria.
3) **Attribuzione – non commerciale – non opere derivate**: consente agli altri di diffondere l'opera, con attribuzione all'autore originale, ma non consente di modificarla né usarla per fini commerciali.
4) **Attribuzione – non commerciale**: consente agli altri di diffondere l'opera e di modificarla, ma a scopo non commerciale. L'attribuzione resta obbligatoria.
5) **Attribuzione – non commerciale – condividi allo stesso modo**: consente agli altri di diffondere l'opera e di modificarla, per uso non commerciale, a patto che l'opera derivata risulti essere creata con la stessa licenza dell'opera originale. Attribuzione obbligatoria.
6) **Attribuzione – condividi allo stesso modo**: consente di

diffondere, modificare e usare l'opera per fini commerciali e non, a patto che un'eventuale opera derivata, anche modificata solamente nel titolo, risulti avere lo stesso identico tipo di licenza. Non è possibile apporre all'opera derivata licenze di altro tipo, nemmeno una Creative Commons diversa. Attribuzione obbligatoria.

Tutti e sei tipi di licenze non sono modificabili in alcun modo. Tuttavia, è possibile oltrepassare le norme di una licenza Creative Commons e concedere eccezioni ad altri utenti, previo accordo tra le parti e su esplicita autorizzazione del proprietario dell'opera originale. Tali accordi non rientrano nell'ambito della licenza e dovrebbero essere stipulati su contratto, firmato dalle controparti.

A differenza del Copyright vero e proprio, la gestione dei diritti d'autore con le Creative Commons non allega, in sé e per sé, la tutela giuridica riguardante eventuali violazioni da parte di altri soggetti e l'azienda che mette a disposizione queste licenze, si solleva da ogni obbligo di intervenire in caso di cattivo utilizzo delle opere protette da tali licenze. Sono comunque, a tutti gli effetti, delle licenze che possono essere impugnate in ambito legale per la rivendicazione di un'opera. C'è da dire che sono licenze che si addicono a opere di "contenuto", come per esempio siti web, ebook o altri tipi di informazioni online protette dal diritto d'autore. Sono vivamente sconsigliate per la creazione di software, che sono prodotti più complessi e più difficili da gestire con queste licenze.

Vuoi sapere come apporre una licenza Creative Commons? Vai all'URL www.creativecommons.org/licenses. Troverai una pagina in inglese dove sono presenti i sei tipi di licenze Creative Commons. Scegli quella che fa per te, a secondo delle tue esigenze e accedi alla sintesi della licenza. Una volta visualizzata sullo schermo la licenza desiderata, scorrere con il mouse fino al fondo della pagina dove vi è il link *Usa questa licenza per una tua opera* (come nell'esempio riportato nell'immagine seguente):

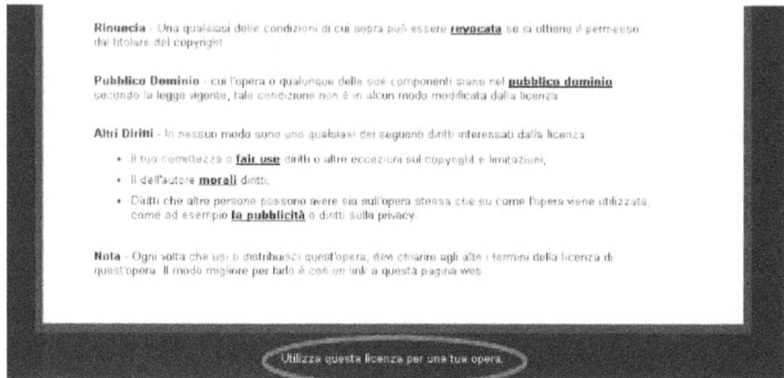

Clicca sul link evidenziato in rosso. Sarai trasferito alla pagina dove potrai copiare il codice html per usare questa licenza e persino selezionare il logo Creative Commons desiderato per poterlo apporre sul tuo sito.

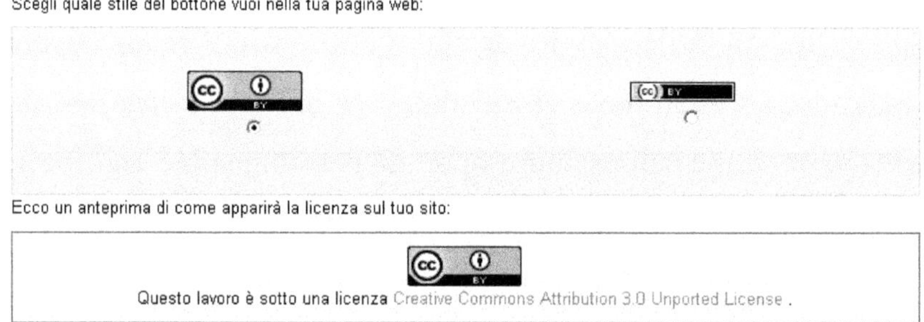

SEGRETO n. 18: le Creative Commons consentono una gestione predefinita dei diritti d'autore in base al tipo di licenza che viene apposta all'opera. Inoltre non prevedono alcun deposito e sono totalmente gratuite.

Chiudendo l'argomento Creative Commons, ci apprestiamo a parlare del copyleft vero o proprio: entriamo, così, definitivamente, nell'argomento dei permessi d'autore che quest'ultimo concede agli usufruenti di una copia dell'opera creata.

Copyleft e Open Source

Per cominciare, bisogna dire che per ottenere una licenza copyleft non c'è bisogno di pagare alcuna somma di denaro. Talune aziende, offrendo il loro servizio, si limitano a chiedere offerte come mantenimento del servizio in attività. Il copyleft è evidenziato con la lettera "C" cerchiata e rivoltata al contrario, come nell'immagine seguente:

"Immagine tratta da Google Immagini"

Nel copyleft non si aboliscono in nessun modo i diritti d'autore, ma si consente una flessibilità su di essi e sul volere dell'autore nel concedere ad altri alcuni diritti di sua proprietà. A volte molti permessi sono accordati; altre volte solo in minima parte; talvolta l'autore obbliga gli usufruenti dell'opera che modificano l'originale per crearne un'altra, a farlo con la stessa licenza. Si può dire che, anche senza una licenza di copyright, l'autore, affidandosi al copyleft, non perde di mano la gestione dei diritti sull'opera creata. Tra le più famose licenze di tipo copyleft, si possono citare, senza dubbio, le licenze GNU.

La licenza GNU (chiamata anche GPL), è una licenza che può essere apposta nell'ambito della creazione e diffusione di un software libero. Dopo essere stata apposta, consente al licenziatario di modificare e di ridistribuire, in un secondo momento, il programma aggiornato in nuova versione, sia per scopo commerciale che non commerciale, rendendo disponibile l'uso del file di installazione e del suo codice sorgente. Gli utenti che ne ricevono una copia, possono modificare e ridistribuire il programma, con la stessa licenza e nelle condizioni specificate da essa. La GPL non impone un obbligo di ridistribuzione, cioè gli utenti destinatari possono fare del software un uso esclusivamente personale.

Nel caso di creazione di pacchetto software, in particolare contenente un programma altrui coperto da altra licenza di diverso tipo, tale programma può essere incluso nel pacchetto coperto da licenza GPL solo esclusivamente se la licenza di quel programma esterno è compatibile con la licenza GPL. In caso contrario, i due programmi non possono essere uniti sotto un'unica licenza.

Un tipo di licenza compatibile con la GNU GPL è la licenza APACHE, che consente libertà di uso e modifica dei software coperti da essa (esclusivamente nell'ultima versione di licenza GPL, pubblicata nel 2007). Esiste una versione della licenza GNU, chiamata LGPL, che consente a un'eventuale opera derivata dall'originale, a differenza della GPL, di essere rilasciata sotto altro tipo di licenza. Pertanto, un programma coperto da licenza LGPL può essere incluso in un pacchetto software, indipendentemente dalla licenza che verrà apposta a quest'ultimo, purché il programma LGPL incluso sia modificato o utilizzato come parte integrante del pacchetto, e non utilizzato così com'è come funzionamento dell'intera opera derivata. Esiste anche una versione di licenza derivata per contenuti non software, chiamata GNU FDL, che è un po' somigliante alla **Creative Commons**

attribuzione-condividi allo stesso modo, in quanto, in caso di modifica e ridistribuzione dell'opera, impone l'attribuzione all'autore originale e la riconoscenza dell'opera derivata per iscritto, oltre ad obbligare a rilasciare l'opera derivata con lo stesso tipo di licenza dell'opera originale. La GNU FDL impone esplicitamente la clausola che impedisce di applicare all'opera funzioni di protezione e di criptaggio. L'opera originale deve essere completamente accessibile a un altro utente che voglia modificarla e ridistribuirla. Per apporre una licenza di tipo GNU, consultabile sul sito www.gnu.org, basta inserire una citazione della licenza nel contenuto dell'opera digitale, sulla base che viene proposta sul sito della GNU e rimandare alla consultazione della licenza completa sullo stesso sito www.gnu.org. Ecco un esempio di testo di licenza GNU per un software:

Questo programma è software libero: è possibile ridistribuirlo e / o modificarlo secondo i termini della GNU General Public License come pubblicata dalla Free Software Foundation, sia la versione 3 della licenza, o (a propria scelta) una versione successiva.

Questo programma è distribuito nella speranza che possa essere utile,
ma SENZA ALCUNA GARANZIA, nemmeno la garanzia implicita di COMMERCIABILITÀ o IDONEITÀ PER UN PARTICOLARE SCOPO. Vedere la GNU General Public License per ulteriori dettagli.

"Testo presente su www.gnu.org"

Per un'opera di contenuto viene proposta una citazione di questo tipo:

```
Copyright (C) ANNO VOSTRO NOME.
È garantito il permesso di copiare, distribuire e / o modificare questo documento
sotto i termini della GNU Free Documentation License, Versione 1.3
o ogni versione successiva pubblicata dalla Free Software Foundation;
senza alcuna sezione non modificabile, senza testo di copertina e senza testo di retro copertina.
Una copia della licenza è inclusa nella sezione intitolata "GNU
Free Documentation License ".
```

"Testo presente su www.gnu.org"

Meritano sicuramente un po' di riflessione le cosiddette licenze "open source", che sono licenze libere e di pubblico dominio. Il concetto di "open source", riferito essenzialmente alle licenze per software, più precisamente a tutti quei programmi gratuiti messi a disposizione sul web per un particolare funzionamento del computer o di un dispositivo mobile, si basano sulla libertà di utilizzo del software, anche per quanto riguarda la sua diffusione e la sua modifica. Una licenza libera permette a un programmatore di poter apportare miglioramenti a un software presente in rete e di ripresentarlo al pubblico.

L'open source, contrariamente a quanto si può pensare riguardo alla creazione e alla diffusione di un software gratuito, può portare a un guadagno su altri software dello stesso produttore, distribuiti a pagamento. In pratica, facendo un esempio, un antivirus base diffuso e proposto gratuitamente agli utenti, può diventare una forma di pubblicizzazione per lo stesso antivirus completo di firewall ed altre funzioni, proposto a pagamento. Si può dire che l'open source viene spesso usato per scopi ben precisi. Se guardi i programmi del tuo computer, ti renderai conto che i software gratuiti e liberi sono molto più usati dei programmi a pagamento. Attenzione, però, a non confondere la libertà di utilizzo di un software con la libertà di appropriarsi di tale programma e di apporre un proprio marchio. I marchi e i loghi dei programmi presenti nel web sono spesso soggetti a copyright: è possibile migliorarli, in genere, con attribuzione all'autore originale.

Un esempio di licenze di pubblico dominio sono le licenze BSD. Questi tipi di licenze consentono la libertà d'utilizzo del programma coperto da tale licenza, con la facoltà di modificarlo e ridistribuirlo senza restrizioni e senza l'obbligo di comunicare il codice sorgente, con il solo obbligo di attribuzione all'autore originale (licenza BSD a due clausole).

Ma esiste anche la versione BSD a tre clausole, che proibisce esplicitamente, in un software derivato, l'attribuzione all'autore originale e impone di attribuire ad esso il nome dell'autore che ha modificato l'opera originale. Alla presenza di una licenza di questo tipo, è possibile modificare liberamente il software e "appropriarsene", diventando nuovo proprietario col proprio logo o marchio.

SEGRETO n. 19: con le licenze di copyleft vengono indicati i permessi d'autore attribuiti ad un'opera. Con le licenze open source viene attribuita la libertà d'utilizzo dell'opera nei termini specificati dalla stessa licenza.

RIEPILOGO DEL CAPITOLO 4:

- SEGRETO n. 15: il diritto d'autore esiste fin dall'inizio di creazione di un'opera, indipendentemente dalla licenza di contenuto che potrà essere apposta su di essa.
- SEGRETO n. 16: sulla gestione dei diritti d'autore di un'opera, possono essere stipulati contratti di collaborazione tra autore e l'azienda che provvederà alla sua pubblicazione.
- SEGRETO n. 17: il deposito di copyright non è altro che un modo di istituire un documento legale con cui l'autore (e/o l'editore) può tutelare i suoi diritti sull'opera in prospettiva della cessione di una copia a un soggetto terzo.
- SEGRETO n. 18: le Creative Commons consentono una gestione predefinita dei diritti d'autore in base al tipo di licenza che viene apposta all'opera. Inoltre non prevedono alcun deposito e sono totalmente gratuite.
- SEGRETO n. 19: con le licenze di copyleft vengono indicati i permessi d'autore attribuiti ad un'opera. Con le licenze open source viene attribuita la libertà d'utilizzo dell'opera nei termini specificati dalla stessa licenza.

Conclusione

Caro amico, siamo giunti alla conclusione di questo corso. Nella speranza che i contenuti siano stati di tuo gradimento e abbiano suscitato particolare interesse, ti do degli ultimi consigli prima che tu prenda una decisione sul da farsi. Sicuramente, prima di arrivare a leggere questo ebook, avrai sperimentato altre tecniche di guadagno online che non ti hanno portato al risultato sperato. Ebbene, io ti dico che l'unico vero modo di guadagnare su internet è vendere. È per vendita si parla di prodotti o di servizi.

Un'attività di vendita porta i suoi frutti solo se riesci a fornire alle persone esattamente quello che vogliono. Anche per gli infoprodotti vale la stessa cosa. Il successo di un ebook, per esempio, è strettamente legato al tema trattato in esso: più l'argomento è interessante per un grande numero di persone, più il libro digitale ha la possibilità di produrre guadagno. E non è detto che ciò che interessa a te, debba interessare pure agli altri. Per gli infoprodotti, inoltre, la questione diventa particolarmente interessante, giacché i costi da sostenere per la creazione e per la vendita sono relativamente bassi, e dunque sostenibili da tutti.

Avrai certamente provato i sistemi di chi ti proponeva guadagni facili, di centinaia di euro al giorno, facendo poco o nulla. Ebbene, si sono rivelate delle autentiche truffe, non hanno portato neanche un centesimo di guadagno; anzi, molti ci hanno rimesso persino i soldi che avevano caricato sui loro conti.

Per creare e vendere un infoprodotto, la questione è decisamente diversa. I risultati si ottengono con perseveranza e determinazione: può capitare che all'inizio qualcuno abbia ad incappare in qualche fallimento. Ma riuscendo a trovare la strada giusta e, soprattutto, come ho detto prima, riuscire a dare alle persone ciò che più interessa loro, riuscirai a crearti una vera attività online degna di nota, che riuscirà a farti guadagnare quello che tu desideri.

Non mi resta che augurarti la migliore messa in pratica di queste nozioni: anch'io, come te, ho dovuto imparare, prima di arrivare a fare certe cose. Ciao ed in bocca al lupo!

Francesco Napolitano

www.ingramcontent.com/pod-product-compliance
Ingram Content Group UK Ltd.
Pitfield, Milton Keynes, MK11 3LW, UK
UKHW022018190726
13853UKWH00005B/1996

9 788861 746558